Lynda Bi

Au-delà
de l'Amour
ou l'Art du tantrisme

Une expérience authentique

BÉLIVEAU
★
éditeur

Conception et réalisation de la couverture : Jean-François Szakacs
Photographie de la couverture : Fotolia

Tous droits réservés pour l'édition française
© 2011, BÉLIVEAU Éditeur

Dépôt légal : 2e trimestre 2011
Bibliothèque et Archives nationales du Québec
Bibliothèque et Archives Canada

ISBN 978-2-89092-496-3

920, rue Trans-Canada
Longueuil (Québec) Canada J4G 2M1
450-679-1933   Télécopieur : 450-679-6648

www.beliveauediteur.com
admin@beliveauediteur.com

Gouvernement du Québec – Programme de crédit d'impôt pour l'édition de livres – Gestion SODEC – www.sodec.gouv.qc.ca.

Nous reconnaissons l'aide financière du gouvernement du Canada par l'entremise du Programme d'Aide au Développement de l'Industrie de l'Édition (PADIÉ) pour nos activités d'édition.

IMPRIMÉ AU CANADA

À toi, mon ami, mon amour,
mon amant, mon patient,
mon Adonis...
Merci !

À tout jamais dans mon cœur.
Namasté

Avant-propos

Pourquoi une auteure se crée des personnages, s'invente des histoires lorsqu'elle peut être le TOUT...

Consciente que nous sommes les auteurs et les personnages du livre de notre vie, je m'amusais à rendre ma vie intense et imprévisible afin de tenir le lecteur en haleine...

Un matin parmi tant d'autres, j'étais étendue sur le lit, je rêvais à une belle GRANDE HISTOIRE D'AMOUR... Encore une fois, j'implorais l'aide de ma cousine décédée, Karo.

– Karo, je t'en prie, guide mes pas vers mon homme idéal, celui qui me fera découvrir le vrai amour...

Croire au pouvoir de ma cousine m'apportait toujours autant de joie que de bonheur. Elle avait su guider mes pas afin de poursuivre sa mission. Alors pourquoi ne pouvait-elle pas m'aider à trouver mon amoureux? La vie est un jeu, avais-je souvent entendu dire. Alors, je l'expérimentais!

Mon expérience mystique à ses côtés renforçait cette quête spirituelle, insatiable à cette époque. J'explorais différentes religions, je lisais plusieurs livres à la recherche de réponses logiques et tangibles face à mon expérience. Cette sagesse spirituelle me permettait d'observer les gens qui croyaient détenir la vérité et qui voulaient l'imposer aux autres. J'apprenais à m'incliner et à sourire lors de ces conversations animées, comme amusée de voir les gens perdre autant d'énergie à vouloir le pouvoir!

Je me contentais *d'être* et de garder l'émerveillement d'une enfant dans sa capacité à vivre le moment présent. La philosophie de ma cousine devenue mienne… J'aspirais à plus… Je désirais vivre *l'amour ultime* …

Certes, j'avais connu avec mon premier amoureux l'amour pur, l'amour vrai, l'amour d'adolescence. Cet amour m'avait permis de panser les blessures d'un père manquant, de me reconstruire une fondation sur une éducation où le portrait des hommes n'était pas très reluisant.

Le karma familial légué était lourd. «Les hommes sont tous des salauds!» répétait sans cesse ma mère. Mon père m'avait abandonnée. N'était-ce pas suffisant comme preuve pour appuyer ses dires? Une mère blessée, amère. Une famille aux propos négatifs face aux plaisirs de l'amour.

J'avais à vivre cette relation consolidante. Dix-huit belles années de bonheur et d'amour sur un fleuve tranquille pour m'ouvrir de nouveau, en toute confiance, à l'amour.

Mais, à l'aube de la mi-trentaine, la vie sépara nos chemins afin que je prenne mon envol…

Le grand châtiment

Je poursuivis le chemin. Je cherchai l'amour. Seule source véritable de la vie. Puis je vis cet homme...

Un homme sans âme, orgueilleux, manipulateur, contrôlant. Sa beauté, sa prestance lui procuraient les plus grands atouts de la séduction. Derrière cette confiance inébranlable se cachait un homme fragile.

La peur de la souffrance, la crainte du rejet l'amenaient à se forger une carapace, son cœur devenant inaccessible. Toute cette luxure, toutes ces rencontres éphémères avec les plus belles femmes le comblaient sur le moment mais, seul face à son miroir, il m'avouait se sentir blasé.

Sa soif du grand *amour* ressurgissait dans ses entrailles. Ses valeurs superficielles me permettaient de ressentir un certain détachement face à notre relation, même si je lui vouais un amour inconditionnel, et ce, dès les premiers instants de notre rencontre.

Je le regardais évoluer dans la profondeur des ténèbres sans le juger.

De mon côté, je priais pour que la vie lui permette de se retrouver, de ressentir le grand *homme* enfoui à l'intérieur de lui. Cet homme qu'il prenait plaisir à dissimuler.

Lorsque j'appris la nouvelle de son accident, je me sentis coupable d'avoir demandé à Dieu de le ramener aux vraies valeurs.

À ma première visite, je le vis étendu sur le lit, vulnérable, les yeux abattus par tant de cruauté. Il me répétait sans cesse: «Je ne méritais pas ça!» et seule sa tête lui servait de gestuelle.

Des perles de lumière luisaient au coin de mes yeux, je les laissais couler sur son visage dans l'espoir qu'elles pénètrent chacune de ses cellules pour lui procurer la force de croire au *miracle*.

J'ai vécu certainement les moments les plus *intenses* de toute ma vie. Il a partagé ses peurs, ses regrets. Son repentir lui a sûrement permis de pénétrer la voie de la lumière.

Ce chemin lui a apporté la force, le courage et la persévérance, mais surtout la sagesse de comprendre le véritable sens de cette épreuve. Elle lui a permis de révéler celui qu'il était vraiment.

Lorsqu'il m'a demandé de l'aider, de partager mes rêves, ma joie de vivre, j'ai pris conscience qu'il m'aidait à dépasser mes propres limites et, au rythme de son évolution, notre relation se transforma.

Ce ne fut pas une surprise, car l'éclat de son regard et l'écho de son rire s'étaient imprégnés au fond de mon cœur. Ma conscience me donna raison. La vie m'offrait encore une fois les outils nécessaires à mon évolution.

À son grand étonnement, je lui pardonnais ses erreurs, car l'amitié est si près de l'amour que seul Dieu en fait la différence.

Laisse ton âme découvrir la *vie* à travers mes yeux.

Et, à travers cc livre, nous révélerons le plus grand des amours... L'AMOUR INCONDITIONNEL...

Merci pour TOUT...

Forever!

Introduction

Ma première expérience tantrique consciente remonte à près de six ans, soit au début de septembre 2005. Je dis bien consciente dans la mesure où j'expérimentais une énergie dite invisible dans l'authenticité de l'expérience elle-même. Expérience des plus inconscientes, cependant, quant au pouvoir de cette énergie et au chemin où elle me mènerait. Sans le savoir, c'était le prélude d'un beau cheminement, me conduisant à ce que je nomme aujourd'hui *mon illumination orgasmique multidimensionnelle.*

Une expérience où l'on devient Un avec son corps physique, avec l'énergie tantrique dans sa plus grande magnificence. Une initiation d'union extatique de nos pôles masculin et féminin.

Le partage de ces expériences avec de simples mots s'avère très difficile. Je vous suggère donc de lire ces quelques lignes dans une atmosphère de détente, musique douce et chandelles. Simplement, face au moment présent et à la spontanéité de votre *être.*

Un soir d'été, au prélude de l'automne, mon copain, devenu quadriplégique à la suite d'un accident de la route, revenait vivre dans sa maison. J'avais choisi par *amour* de quitter mon emploi et de vendre ma maison afin de vivre avec lui. J'éprouvais un honneur et une joie de partager son quotidien et de le voir reprendre le cours de sa vie.

J'adorais percevoir dans ses yeux des lueurs de bonheur. Je voulais qu'il redécouvre les joies simples de la vie, malgré sa condition. Depuis son accident, les moments d'intimité étaient peu fréquents. Entre les murs froids de sa chambre d'hôpital et les séjours dans des centres de réhabilitation, les occasions de vivre ces moments de plénitude étaient rares. Sa condition et son état psychologique l'empêchaient de vivre ces contacts plus intimes.

Occasionnellement, des rapprochements entre les visites des infirmières se présentaient, mais ses réflexions le ramenaient toujours au même point; selon *lui*, il n'était plus un *vrai homme*. Sa vision limitée de ce qu'était un homme me choquait. Lui dont la confiance était axée sur sa beauté, ses performances sexuelles et ses biens matériels. Lentement, il se réappropriait une force intérieure en remplaçant le superficiel et l'illusoire. Il en était pleinement conscient.

Pourtant, malgré son handicap, il demeurait le même homme. Celui qui avait éveillé mon cœur à la passion et à l'amour inconditionnel. Son regard m'excitait autant, son énergie sexuelle m'allumait, ses paroles subtiles attisaient tous mes sens. Constamment, je lui remémorais notre première nuit torride et nos différentes aventures rocambolesques. Il semblait prendre plaisir à se rappeler ses performances sexuelles. Naturellement, dans ma délicatesse féminine, je lui confiais chacune de mes sensations secrètes ressentie lors de ces souvenirs coquins. Ce soir-là, fatigué et heureux de se retrouver chez lui, il appréciait son bonheur. Réservé et discret sur ses émotions, il m'avait surprise en me dévoilant sa joie de se retrouver dans sa maison.

Mais commençons par le début...

Vive le monde virtuel !

Il y a de ces rencontres qui changent une vie...

Il était minuit, à quelques jours de la nouvelle année. Célibataire depuis plus d'un an et demi, je trouvais difficile de ne pas avoir mes enfants durant cette période festive. Heureusement, avec mon amie Marie, nous sortions souvent ensemble : bars, restos, cinéma. Le temps passait agréablement et je me sentais moins seule. Ce soir-là, Marie débutait une nouvelle relation avec un monsieur rencontré sur Internet. Le fameux Réseau Contact dont tout le monde parlait. Perplexe quant à la bonne foi des gens sur ces sites de rencontre, je me suis ravisée lorsqu'elle m'a présenté ce bel homme inconnu, professionnel et bien articulé. Ils décidèrent de se rendre au cinéma. Comme j'étais installée chez mon amie pour mes vacances de Noël, elle m'avait expliqué que je pouvais fureter sur le Réseau Contact en prenant sa fiche d'identification. Je ne connaissais absolument rien aux ordinateurs. J'ai finalement réussi à me débrouiller, surfant comme une professionnelle en quête de l'amour. De nature sélective, je recherchais des critères assez précis : grand, brun, bien bâti, sans enfant, romantique et surtout *non fumeur.*

Après quelques minutes de recherche, je suis arrivée sur la fiche de *monsieur Bostyle. Intéressant*, ai-je pensé. *Belle gueule, le monsieur!* Quarante ans, professionnel, aimant les chandelles et le romantisme… Surprise par sa description, je me suis demandé s'il existait encore des gars de ce genre en l'an 2000. J'ai poursuivi attentivement sa description. Mon cœur palpitant, mes hormones à la hausse, j'ai décidé de l'interpeller virtuellement.

Mariejo : Bonsoir, monsieur, je vous dérange ?

Bostyle : À qui ai-je l'honneur ?

Mariejo : Je me nomme Lynda, mais la fiche ne m'appartient pas. Je suis sur la fiche de mon amie. Alors la description diffère un peu.

Bostyle : As-tu une photo ?

Mariejo : Non, pas de photo. J'ai 35 ans, je demeure à Mascouche, mère de deux enfants et séparée depuis près de un an et demi.

Bostyle : Une photo ?

Mariejo : Non, malheureusement! Pour être honnête, je ne sais même pas comment fermer l'ordinateur, me suis-je exclamée avec un brin d'innocence.

Bostyle : Alors, décris-toi.

Direct, le monsieur... J'adorais cette confiance, l'assurance de ses questions. Je ressentais à travers nos écrits une belle énergie, un lien intime s'infiltrant malgré nous. Mon imagination à la Walt Disney refaisait surface, de toute évidence!

Mariejo : Alors, je ne sais pas comment procéder, je ne jase jamais sur Internet.

Bostyle : Ta grandeur, ton poids, tes mensurations.

Mariejo : Châtaine, aux yeux noisette, nez retroussé, air taquin, 5'7", pulpeuse... Et toi?

Bostyle : Pulpeuse, tu veux dire quoi?

J'ai pris un temps d'arrêt pour poursuivre la conversation et surtout en profiter pour avaler la dernière grosse gorgée de vin au fond de mon verre. Je voulais éveiller mes esprits afin de trouver la réplique qui le déstabiliserait. Avec une grande inspiration j'ai poursuivi.

Mariejo : Alors, si tu préfères les grandes minces avec les ongles d'orteils assortis au rouge à lèvres, il faut changer de fiche, lui ai-je répliqué, insultée par sa suffisance.

Bostyle : Donc, un surplus de poids?

Mariejo : Possible, je suis plutôt du genre joueuse de volley-ball sur la plage, simple et authentique. Je déteste les gens superficiels, ai-je rajouté avec plus de confiance.

Bostyle : Ha, ha! Mais, vois-tu, quand je magasine, j'aime voir ce que j'achète, et là, je ne vois pas. Et ça m'énerve! J'offre beaucoup, alors je me permets d'être exigeant.

Mariejo : Tu te prends pour un autre, ai-je rouspété, bêtement.

Je percevais dans cette assurance un brin d'arrogance, mais je transformais ce jeu de pouvoir qui s'installait comme un thriller. Je commençais à m'amuser étrangement. Il avait raison, ce lieu virtuel se présentait comme un immense magasin où tu choisis le modèle le plus intéressant. *Absurde!* pensais-je.

Bostyle : Alors, puis-je savoir pourquoi tu as choisi ma fiche?

Oh! Je captais à travers cette question que monsieur voulait flatter son ego. Je me suis promis de lui en donner pour son argent.

Mariejo : Tu me sembles le plus séduisant des cent gars dont j'ai regardé la fiche. Tu entres dans ma palette de couleurs.

Bostyle : C'est sûr… Tu n'en trouveras pas un autre comme moi. Tu devrais cesser tes recherches.

Mariejo : Ah, mais je ne cherche pas… parce que je crois que les membres sur ces sites ne pognent pas, tout simplement.

Bostyle : Pfft… Tu te trompes, madame.

Mariejo : Tu rencontres beaucoup, toi? lui ai-je demandé, curieuse.

Bostyle : Oui, j'en rencontre au moins trois ou quatre par semaine.

Mariejo : My God! Ton horaire est chargé! Tu n'as pas encore trouvé la bonne?

Bostyle : Non! Pas une m'équivaut!:)

Mariejo : Pfft... arrête, tu me stresses!

Je réagissais odieusement à ses propos, mais son charisme m'interpellait par-dessus tout.

Bostyle : Bon, assez! Pas de photo, je continue mes recherches. Je n'aime pas parler avec des fantômes.

Le cœur palpitant, je ne pouvais croire qu'il mettait fin d'emblée à notre conversation. Je voulais le connaître davantage. J'ai eu envie de lui crier nonnnn! mais je me suis retenue.

Mariejo : Bonne chance, mon Don Juan!

Bostyle : Bye-bye!

Et j'ai vu la fenêtre de sa fiche disparaître. Bizarrement, les larmes me montèrent aux yeux, bien que son arrogance et chacune des phrases prononcées m'aient irritée royalement. Mais, intérieurement, un lien semblait nous rapprocher. De plus, sa fiche descriptive indiquait que nous habitions tout près l'un de l'autre. Pourquoi un tel ego démesuré ne pouvait-il pas se contenter d'apprendre à me connaître au lieu de se fier à l'apparence? De toute évidence, je ne lui conviendrais pas.

Je poursuivais mes recherches lorsque j'ai vu le clignotement de sa fiche réapparaître.

Bostyle : Encore là, toi, mon fantôme? ;)

Dans ses mots, j'ai ressenti une certaine complicité, voire de l'affection. Un frisson m'a parcourue.

Mariejo : Eh oui! Je cherche quelqu'un qui m'appréciera pour moi, pas juste pour l'image!

Bostyle : Je te l'ai dit, je veux une femme à ma hauteur.

Mariejo : Pfft... arrête ton scénario. Je t'imagine très bien te regarder dans le miroir et embrasser tes muscles. Mais souvent les gars comme toi manquent de confiance en eux et trouvent leur valorisation dans leur physique. Moi, je vaux plus que mon corps... Tu verras, à quatre-vingts ans, tu deviendras comme tout le monde!

Bostyle : Non, moi, je vais être encore *top shape,* me dit-il, en ajoutant un sourire virtuel.

Cette réplique m'a permis de capter la sensibilité cachée au fond de lui...

Sur un ton plus calme, j'ai rajouté :

Mariejo : Comme ça, monsieur est un grand romantique?

Bostyle : Oui, j'adore les chandelles, les soirées collées avec mon amoureuse.

Mariejo : Séducteur, va...

Bostyle : Tu restes où exactement à Mascouche?

Mariejo : Près de Albi Mazda, sur boulevard Sainte-Marie. Et toi, tu habites quel coin de Lanaudière?

Bostyle : J'habite à cinq minutes de chez vous, près du centre commercial de Terrebonne.

Mariejo : Quel heureux hasard... ☺

Bostyle : Alors, mamz'elle Lynda, êtes-vous bien occupée pendant le temps du jour de l'An?

Mariejo : Tranquille. Mes filles sont avec leur papa, alors je suis chez une amie et demain on s'en va jouer au Casino de Montréal.

Bostyle : OK!

Mariejo : Et toi?

Bostyle : Bof, bien tranquille aussi, je vais voir mes enfants et sortir dans ma famille, tout probable.

Mariejo : Cool!

Bostyle : Tu fais quoi comme métier?

Mariejo : Infirmière, et toi?

Bostyle : J'ai ma compagnie de toiture.

Mariejo : Grrr… Je t'imagine travaillant torse nu à la sueur de ton front sur le toit d'une maison.

Bostyle : Certain, tu ne pourrais pas résister! ☺

Mariejo : Tu penses?

Bostyle : J'en suis sûr!

Mariejo : Ton arrogance vient me chercher. J'ignore pourquoi je continue à te parler!

Bostyle : Parce que tu ne peux déjà plus te passer de MOI!

Mariejo : Arrête… MIROIR, je te ferai remarquer que c'est TOI qui reviens me jaser.

Bostyle : Grrr… Oui! Je voulais te demander ton numéro de téléphone.

Mariejo : Hein? mon numéro de téléphone! m'exclamais-je.

Je vibrais. Cet homme m'attirait. Il émoustillait tous mes sens.

Bostyle : Quoi… pas intéressée?

Mariejo : Je ne te connais pas. Je ne sais même pas ton nom!

Bostyle : Moi, c'est Jean, et j'aimerais bien apprendre à te connaître.

Mariejo : Ouais… mais tu ne sais même pas de quoi j'ai l'air…

Bostyle : Je ne sais pas, j'ai un *feeling* que tu pourrais me plaire…

Cette conversation s'étira jusqu'aux petites heures du matin. Par moments, nos répliques coïncidaient parfaitement. Effleurant parfois notre sexualité, mais rien de personnel ni de déplacé. Malgré un célibat émancipé, il semblait des plus respectueux.

Il m'a donné son numéro de téléphone. *Le temps des fêtes passé, je finirai par oublier cette conversation*, me suis-je dit avec une grande conviction. Malgré mon excitation du moment, je me suis endormie, épuisée et heureuse. Mon cœur vibrait. Cette conversation résonnait encore dans ma tête. Je repassais chaque phrase, chaque anecdote afin de bien m'en imprégner.

Dès mon réveil, j'ai raconté mon histoire à ma copine et je me suis faufilée sur la fiche de Bostyle pour lire attentivement ses intérêts, sa vie. Je lisais entre les lignes, je scrutais les émotions de chaque mot, j'épiais chaque commentaire. Je croyais rêver lorsque la fenêtre de sa fiche est apparue sur l'écran.

Bostyle : Bien dormi, mon fantôme?

Mes doigts tremblaient, mais j'écrivais avec retenue ce que je ressentais.

Mariejo : Oui, très bien, et toi?

Bostyle : Certainement! Aimerais-tu aller déjeuner ce matin?

Mariejo : Non, désolée, ma journée est déjà toute planifiée.

Mon cœur battait la chamade. Il désirait me rencontrer. De toute évidence, je n'étais pas prête à le voir, pas si vite.

Je devais gérer l'énergie vivifiante qui me stimulait à travers ce simple écran. Rapidement, je me suis raisonnée. Pouvais-je me permettre de foutre en l'air tout ce cheminement que j'avais fait sur ma dépendance affective? Ou était-ce ma peur de faire face au vrai AMOUR, celui qui déstabilise? J'ai préféré lui dire non en coupant peut-être le lien qui prenait forme, mais en respectant l'entente avec mon amie.

J'ai senti une légère déception dans son écriture avant de mettre fin. Je doutais de sa sincérité, car il semblait détaché de ses nombreuses conquêtes. La vie répondrait à ces questionnements!

Divine rencontre

L'alchimie sexuelle fait son œuvre
bien malgré nous...

Deux semaines *plus tard, j'ai décidé de lui téléphoner.* Consciemment, je voulais le faire patienter, sachant très bien que monsieur avait toutes les femmes à ses pieds. Devenir une conquête de plus dans sa vie ne me disait rien d'intéressant.

— Bonsoir! C'est pour un sondage, avez-vous quelques minutes?

— Non, désolé, je suis occupé!

De toute évidence, il ne me reconnaissait pas. Comment aurait-il pu savoir, de toute façon? Avec un rire étouffé, j'ai ajouté:

— Dommage, j'aimerais en savoir plus sur votre vie intime, monsieur *Bostyle*.

– Ah! s'est-il exclamé. Est-ce mon fantôme?

Sa voix changeait, elle devenait joyeuse. Il semblait content de mon appel. Illusion ou réalité? J'ai poursuivi, heureuse :

– Non, de qui parlez-vous? ai-je dit en ricanant. Alors ce sondage, voulez-vous y répondre?

– Bien sûr, avec plaisir!

– Alors, première question, avec choix de réponses :

a) Êtes-vous seul en ce moment?

b) Accompagné?

c) Accompagné de plus de deux femmes?

– A. Est-ce une bonne réponse?

– Monsieur, je vous en prie, ce sondage est sous la surveillance de la firme L.B. Touchette et Fille. Je parle sérieusement.

– Oh, pardon. Poursuivez, je vous en prie!

– Deuxième question. Une soirée idéale pour vous se définit comme suit :

a) Souper romantique, film collé et dormir en cuillère

b) Prendre une bonne bière avec ta *gang de chum*s

c) Bain mousse, champagne et fraises avec ta douce

d) Aller danser sur une musique endiablée et finir la soirée dans un lit avec une pure inconnue.

— Pas fou, le gars, je vais répondre encore A.

Heureusement, le jeu l'amusait. Par cette mise en scène, j'espérais me démarquer de la masse féminine du Réseau Contact. L'objectif restait simple : débuter notre relation de façon originale, en rendant nos premiers contacts différents.

J'ai poursuivi mon questionnaire. En gentleman, il répondait spontanément à mes questions. Notre conversation a duré quelques heures. Nous nous racontions nos vies. Il s'ouvrait à moi facilement. Je partageais mes émotions.

Sa voix me paraissait mature et rassurante. Parfois, elle dégageait une certaine vulnérabilité, alors il dirigeait la conversation d'une façon moins troublante. Je me perdais littéralement dans son univers, sans jugement face à ce célibat libertin. J'appréciais son authenticité. Elle venait me rejoindre. Cette proximité téléphonique m'exaltait.

J'ai appris qu'il vivait une séparation difficile, tant au point de vue du partage des biens que de la garde de ses enfants.

Il m'a avoué vivre un *mal-être* constant qui refaisait surface de façon plus évidente depuis quelques années. Il espérait améliorer cet état d'âme en retrouvant sa liberté. Après plusieurs mois de débauche, il tournait en rond et cherchait maintenant une relation sérieuse.

Il existait une similitude indéniable avec ma vie. Chacun de ses propos résonnait en moi, reflétant mes propres questionnements. Combien de fois avais-je cru que ma liberté comblerait ce vide intérieur ? Cette quête de liberté cachait néanmoins un malaise intérieur indéniable.

Son arrogance virtuelle s'estompait doucement. Je découvrais un homme en quête d'un mieux-être, en quête d'un plus grand bonheur. Cette ouverture m'a fait sourire.

Je lui racontais des anecdotes de mon quotidien et les détails de ma séparation. Je partageais mes réflexions. Je ne l'envisageais pas comme un échec, mais comme une étape me permettant de grandir et d'évoluer. Personnellement, j'étais fière de cette séparation faite à l'amiable dans le respect et l'amour inconditionnel. C'était sans doute l'une de mes plus belles réalisations. Une expérience habituellement si éprouvante pour un être humain. Je lui ai avoué mon inconfort dans mes relations intimes avec des hommes sans amour.

— Alors, on se voit quand ? m'a-t-il dit promptement, pour couper la conversation.

— Je ne sais pas trop !

Dans sa voix, j'ai perçu l'espérance d'un rendez-vous dès le lendemain. Mais je voulais faire durer le plaisir. Il recherchait la femme idéale selon les normes de la société. Je redoutais sa quête de la perfection. Ma simplicité, mon côté naturel lui conviendraient-ils? Je le sentais tellement pris dans ses concepts superficiels de la relation idyllique: grosse voiture, *poupounnes* de rêve, voyages, grands restos, *etc.* Pourtant, lorsque je l'écoutais, je percevais le *p'tit gars* en lui, à la recherche de l'authenticité, de la spontanéité, de la simplicité et du bonheur. Je gardais donc espoir au fond de moi. Mon propre blocage lui permettait de travailler sur son empressement à me rencontrer afin de passer à la prochaine candidate. Il devrait attendre la madame au lieu de tout vouloir contrôler. Rapidement, il a réalisé que je retardais le rendez-vous.

— On pourrait aller souper samedi prochain? a-t-il rajouté.

— Malheureusement, je ne pourrai pas. Mes filles habitent avec moi une semaine sur deux et elles seront avec moi samedi prochain.

— Laisse faire tes filles!

— Non, mes filles demeurent ma priorité. L'autre samedi peut-être?

— D'accord, m'a-t-il répondu, mal à l'aise.

J'étais fière de moi. Mes filles restaient une source de bonheur intense et de joie incommensurable. Elles seraient toujours les premières dans mon cœur.

Durant mon enfance, la dépendance affective de ma mère m'a marquée. À mon détriment, son comportement soumis envers les hommes et sa peur du rejet m'ont fait souffrir énormément. Devenue célibataire, je me suis promis de ne pas répéter ces *patterns* de dépendance affective. Je cheminais doucement vers la libération de ce karma familial. Cette expérience me permettait, une fois de plus, de voir tout le travail accompli. Le respect de mes valeurs, opposé à la peur de sa réaction face au rejet, me maintenait sur ma position. De toute évidence, le monsieur vivait difficilement le refus, l'interprétant comme un rejet. Son malaise ne m'appartenait pas. Confiante, j'espérais le grand jour !

Nous nous sommes donné rendez-vous à Terrebonne. Lorsque j'ai aperçu sa voiture longeant la station d'essence, mon cœur a bondi.

– Pour l'occasion, je prendrai ma Lexus quatre portes couleur crème, m'a-t-il avisé avec un brin de vantardise lors de notre dernière conversation téléphonique.

J'ai stationné ma voiture près de la sienne. Sentant ma présence, il s'est retourné et m'a regardée droit dans les yeux. Lorsque je l'ai vu sourire, le monde autour de moi a virevolté.

– Quand je vais te voir, si je souris, ça signifiera que tu me plais, avait-il rajouté lors de la confirmation de notre rendez-vous.

Rassurant! m'étais-je dit.

Il est sorti de sa voiture et j'ai fait de même. Les jambes tremblantes, j'en perdais mon calme. Il s'est penché vers moi en tenant ma taille et m'a embrassée délicatement sur les deux joues. Sans dire un mot, il m'a regardée en souriant.

Rassurée et éberluée à la fois, une énergie vivifiante m'a enveloppée; les joues en feu, je ne le quittais pas des yeux. Quelle prestance, quelle beauté, quelle personnalité! Je le comparais étrangement à mon idole de jeunesse, Roch Voisine. De toute évidence, j'avais une attirance marquée pour ce genre d'homme. Un seul mot venait à mon esprit: *ravissement.* Enfin! Il était là. Son énergie sexuelle me subjuguait. Elle m'enivrait déjà de désir. Une seule envie m'habitait, lâcher prise et accueillir ce moment présent tel un cadeau de la vie. Je me suis abstenue de me poser mille et une questions existentielles limitatives devant cette relation naissante.

J'admirais son look actuel; cheveux bruns courts, frais coupés, de grands yeux bruns foncés avec un regard charismatique d'acteur hollywoodien. Front proéminent me rappelant sa prestance quasi démesurée, un nez viril dont il disait être peu fier. Une mâchoire bien définie offrant sa bouche gourmande et insatiable. Le manteau de cuir noir mi-long lui seyait à merveille. Un pantalon de cuir noir et une chemise noire moulante accentuaient son look décontracté. Je le trouvais extrêmement sexy. Je me demandais ce qu'il pensait de ma petite robe noire, et de mon chemisier de jeans sport camouflant mes rondeurs. Pour l'occasion, un maquillage léger et un rouge à lèvres rosé rehaussait ma bouche naturelle devenue plus sensuelle. Un fard bronze donnait à mes yeux une confiance nouvelle, me permettant de soutenir son regard charmeur. Définitivement, il possédait tous les atouts pour me séduire.

— À quel restaurant aimerais-tu aller? m'a-t-il demandé.

— C'est toi qui décides. J'aime les hommes d'action, capables d'initiative. J'ai envie de me laisser porter au gré du vent. Et tu sais que cela m'a manqué dans mon ancienne relation.

— Oui, tu m'en as parlé un peu! Eh bien, tu vas être gâtée avec moi, je suis de nature dominante et contrôlante.

— J'en ai besoin présentement dans ma vie, j'ai trop mené le bateau longtemps.

— Je comprends très bien tes aspirations, je recherche la même chose. Une relation équilibrée!

— Je dois t'avouer avoir vécu beaucoup de culpabilité au début de ma séparation. Quand le bateau coule et que tu es le capitaine, tous les blâmes te reviennent.

Séparée depuis près de deux ans, je travaillais fort pour transcender ces énergies accablantes de culpabilité qui me terrassaient radicalement. En les acceptant et en les accueillant, je réussissais à les transformer en confiance. Cette expérience permettait à mes filles et à moi de grandir en sagesse et surtout en autonomie. Leur joie de vivre m'aidait à accepter ce destin avec une meilleure sérénité.

Il m'a proposé de prendre une seule voiture pour nous rendre au restaurant. J'ai acquiescé, ignorant les recommandations d'usage. Je me sentais bien et en sécurité en sa compagnie. Loin de moi l'envie de jouer à la précieuse.

Nos conversations débordaient de confidences. Il se livrait à moi, partageant ses états d'âme sans aucune retenue. J'appréciais son ouverture, mais je captais aussi des énergies négatives de ressentiment et de rancœur. Ses yeux enjôleurs me permettaient de transformer positivement ces propos au fond de mon cœur. Je l'écoutais, émerveillée par sa capacité à raconter sa vie dans les moindres détails. Une intuition forte m'a traversée: *Ça passe ou ça casse...*, semblait-il se dire en lui-même.

Malgré tout, je me sentais différente des autres femmes inscrites sur sa liste de conquêtes. Sans un mot, j'accueillais ses confidences et la *Janette Bertrand* en moi occupait toute la place. Je tentais de laisser exploser la femme sexy, farouche et passionnée en moi. Ses ondes télépathiques captaient-elles dans mon aura ces atomes sexuels en quête de l'extase et du nirvana? Face à son ouverture, je prenais conscience de mes propres blocages, ma peur de l'abandon, mon manque de confiance en moi. Cet homme devant moi était-il le déclencheur d'un nouveau cheminement? Révélait-il une grande âme?

À notre sortie du restaurant, j'ai senti sa main couler dans mon dos, et il m'a chuchoté à l'oreille:

— Veux-tu venir prendre un verre chez moi?

— Juste prendre un verre? répliquais-je innocemment.

— Bien évidemment!

— Je ne sais pas. Tout est possible. Je dois t'avouer être inexpérimentée dans ce genre d'occasion.

Perdue dans mes pensées et confuse, j'ai eu envie de me perdre dans ses bras, de me laisser transporter et d'anéantir les préjugés. Cette peur de ne plus le revoir et les regrets de refuser ce cadeau de la vie m'ont fait lui dire, avec une confiance nouvelle:

— Allons-y, avant que je change d'idée! Transporte-moi dans ta folie!

Il a ouvert la portière de sa voiture avec un sourire radieux. Le vin aidant, je le sentais particulièrement enjoué et sûr de lui. Il a mis une musique d'ambiance sensuelle. Je m'amusais comme une enfant à hausser mon babillage pour faire changer le rythme de la musique. Il me regardait d'un air taquin en riant. Je le sentais émerveillé par mon regard enfantin. Il prenait plaisir à laisser sortir le *p'tit gars* en lui, mais sa prestance d'homme d'affaires refaisait surface assez rapidement.

Bras dessus, bras dessous, nous sommes entrés dans ce petit loft loué en attendant de construire sa nouvelle maison. Tout se prêtait à une soirée coquine. Un immense lit meublait le milieu de la pièce avec une couette impeccable, s'agençant parfaitement à l'armoire de bois brun chocolat. Un téléviseur, écran géant, cachait le mur face au lit. À gauche, une mini-cuisinette séparée par une causeuse en cuir noir contrastait avec les armoires blanches en arrière-plan. La propreté des lieux m'a frappée. Dans le coin de la pièce, un petit meuble vieillot servait de rangement pour son ordinateur. Sans tarder, il s'est installé devant son appareil de drague virtuelle et m'a défilé des dizaines de photos de ses rencontres précédentes ou à venir. Toutes plus belles les unes que les autres. Je ravalais ma salive tout en respirant profondément.

Son manque de tact et son attitude me laissaient sans mots. Avais-je à subir cet étalage de conquêtes féminines sans broncher? Depuis quelques mois, mes lectures et thérapies personnelles m'apportaient une vérité nouvelle. Lorsqu'une expérience semblable se proposait à moi, deux solutions s'imposaient: vivre cette expérience, l'accepter et la transcender avec amour et confiance, ou l'enfouir au fond de moi et créer un ennemi dangereux. Par expérimentation, la première solution m'apparaissait toujours la meilleure. J'ai vu cette situation comme un défi à mon propre cheminement au lieu d'éprouver du ressentiment devant son comportement.

De toute évidence, mon malaise le divertissait. Il m'a demandé avec un sourire narquois :

— Tu préfères le vin blanc ou rouge ?

— À cette étape, mes papilles gustatives ne savourent plus vraiment la différence entre le rouge et le blanc. Je te laisse choisir ! l'ai-je rassuré d'un ton ironique.

— Parfait ! Mets-toi à l'aise, a-t-il renchéri.

— Je peux emprunter ta salle de bain ?

— Certainement, première porte à gauche.

Son humour m'a fait sourire – c'était la seule et unique porte de l'appartement.

Une fois dans la salle de bain, j'ai pris quelques minutes pour communiquer avec ma copine Marie. Je lui ai raconté mes impressions sur la soirée et je lui ai transmis l'adresse où je me trouvais.

À mon retour, je me suis assise confortablement dans le coin du canapé, une jambe repliée sous moi. Je le scrutais. J'admirais chacun de ses gestes, chaque mouvement semblait réfléchi pour me séduire. Je souriais secrètement en me rappelant la gestuelle du personnage de Ridge dans mon émission favorite de l'époque, *Top Model*. Je tentais de m'expliquer son regard devenu coquin et malicieux. J'ai vite compris en voyant l'ouverture d'une fausse fenêtre séparant la salle de bain de la cuisinette. Alors, monsieur avait tout entendu de mes exclamations! Intimidée, j'ai détourné les yeux et j'ai remarqué un film érotique qui s'animait sur l'écran géant.

— Rien pour m'aider à contenir mes pulsions, me suis-je dit à voix basse.

— Pardon, je n'ai pas compris ce que tu as dit, me lança-t-il.

— Non, non, je n'ai rien dit, je me parlais à moi-même.

Mon humour semblait le faire rire, il vibrait au même diapason.

Il s'est approché de moi et m'a tendu mon verre de vin. Il a posé un genou entre mes jambes devenues légèrement entrouvertes, comme pour l'accueillir. Il s'est penché légèrement pour m'embrasser farouchement. Mon cœur a flanché. Je sentais son souffle contre mon oreille. Je l'ai senti nerveux, même si je me savais une actrice digne de ces scènes de films 3X habituelles. Mais je me suis promis qu'il se souviendrait au moins de moi. Je l'ai repoussé avec un brin d'ironie en lui rappelant mon premier fantasme. Il m'a fait un sourire.

— Tu es vicieuse, toi, et tu ne le sais même pas! m'a-t-il lancé, sarcastique.

— C'est toi le pervers ici, pas moi, ai-je rajouté, de plus en plus à bout de souffle par cette passion consumante.

Lors de notre conversation téléphonique, nous avions échangé quelques-uns de nos fantasmes. Avec confiance, il m'avait dit: «*Je vais te gâter, ma belle!*»

Impatiemment, et surtout afin de reprendre un rythme respiratoire plus régulier, je le contemplais. Déjà, je voyais son excitation à travers son pantalon de cuir. Il s'amusait à se caresser devant mes yeux. Je salivais comme un animal devant sa proie. Je vibrais à son excitation par des regards troublants et des souffles en suspens. Je le regardais tendrement et je ne pouvais croire que nous étions enfin ensemble. Je voulais délecter chaque moment. Comme dans un rêve, la peur de me réveiller me troublait. Même si l'énergie de la passion nous dévorait, je voulais prendre du recul, déguster chaque geste, chaque parole. Il s'est assis à mes côtés, je me suis approchée pour l'aider à baisser sa fermeture éclair. Délicatement, j'ai pris soin de déboutonner sa chemise. Son torse était sublime, musclé et ferme, sans aucun poil. Je constatais l'efficacité de son traitement d'épilation au laser. Ce luxe superficiel me permettait de toucher à la douceur de ses pectoraux. Je le caressais passionnément. Son membre gonflé d'excitation demandait toute l'attention. Doucement, il l'empoigna et le caressa d'un va-et-vient lent et ferme en me regardant droit dans les yeux.

— Merci, lui ai-je susurré à l'oreille. Si tu savais comme tu m'excites.

Je perdais la notion du temps. La pièce disparaissait dans un autre univers. De son autre main, il caressait mes cheveux. Je mordillais mes lèvres pour lui démontrer mon envie. Je vibrais de désir et de passion pour tout son corps. Le bruit de son gland humide contre sa main m'a fait perdre la tête. C'était la première fois qu'il s'exhibait devant une femme. Il a adoré l'expérience, m'a-t-il avoué. Je haletais de bonheur à me savoir unique. J'ai posé ma main sur sa main en l'embrassant tendrement. Je sentais chaque vibration de son sang s'accumulant de plus en plus sur son gland devenu énorme, en quête de plus de sensation. Je le laissais vagabonder sur ses testicules tout en caressant le pourtour de son membre invitant.

Sa tête a basculé vers l'arrière, comme incapable de vivre de si grandes sensations. J'ai enlevé sa chemise pour apprécier davantage son corps athlétique, ses épaules larges et ses bras musclés. J'embrassais chaque parcelle de son corps, tout en descendant jusqu'à son pénis qui valsait entre nos mains en quête de touchers plus voluptueux. Mes lèvres et ma langue goûtaient avec appétit son membre énorme et palpitant de désir. Il caressait mes cheveux et tentait d'enlever mon chemisier devenu inutile dans ces jeux amoureux. J'ai pris quelques secondes pour l'ôter et l'immensité de son regard m'a fait prendre conscience de l'ampleur de notre intimité. Je ne calculais plus les mois ni les semaines depuis mes derniers contacts intimes.

Il a baissé avec délicatesse les bretelles de ma robe et, d'un geste plus rapide, je l'ai descendue jusqu'à la taille. Avec insistance, il m'a fait me relever pour apprécier la courbe de mes seins au haut de mon soutien-gorge de dentelle noire. Il m'embrassait sensuellement tout en me dénudant complètement. Il contemplait ma poitrine voluptueuse avec attention en la caressant doucement puis fermement, en en savourant toutes les rondeurs. Mes mamelons se durcissaient, perdus sous sa langue chaude et gourmande. Langoureusement, je m'abandonnais sous ses mains.

J'ai redescendu vers son membre en laissant mes seins effleurer son gland. Je le sentais gémir d'excitation et j'en ai profité pour l'engloutir bien au fond de ma bouche. Muet de plaisir, ses spasmes et ses soupirs virils me comblaient.

Au bord de l'extrême jouissance, il m'a repoussée et m'a invitée sur le lit. Je clamais mon désir fortement. J'ignorais alors que mon admiration et mon intérêt pour lui deviendraient un jour un jeu de pouvoir. Je me permettais d'être authentique, simplement.

Nus et étendus sur le lit, nos jeux ont continué de plus belle.

La voix d'Isabelle Boulay se perdait avec les images sexuelles apparaissant sur l'écran. Nos deux corps affamés semblaient insatiables. À la limite de l'orgasme, il m'a pénétrée profondément avec une douceur brûlante. La forme unique de son pénis m'a permis d'atteindre en peu de temps mon point G. La lionne en moi rugissait de plaisir comme rarement dans ma vie! L'énergie emplissait ma tête d'un tourbillon inexplicable et me faisait perdre conscience de l'espace-temps!

J'ai remercié l'univers, la vie et Dieu de sa bonté et de sa générosité. Cette nuit-là, j'ai surtout découvert la divinité du mâle dans toute sa magnificence, en gémissant : «Oh! my God... Encore! Encore!»

À peine avions-nous repris notre souffle qu'il se leva. Il a enfilé un pantalon de soie vert émeraude et m'a demandé :

— Veux-tu un verre d'eau?

— Non, merci! ai-je répondu, déçue qu'il n'ait pas envie de se fondre plus longtemps dans mes bras.

Je réalisais que ni l'intimité ni les rapprochements n'ont de place lors d'une telle soirée.

Assis devant son ordinateur, il tapait déjà sur son clavier à la recherche d'une prochaine conquête. Je me suis approchée de lui. Je caressais son cou dénudé et l'embrassais tendrement. L'image de mes doigts effleurant ses mains et ses bras musclés allait marquer ma mémoire pour l'éternité, inconsciente du chemin qui nous attendait!

En quête
de mon Adonis

---

*L'art de se démarquer
du lot des princesses virtuelles...*

---

*U*ne semaine passa, et je restais sans nouvelles de mon bel Adonis. Je cherchais une façon originale de me démarquer du lot des princesses virtuelles auxquelles il avait accès. Je voulais le revoir, mais comment?

Une idée audacieuse m'est venue. Je lui ai donc fait parvenir des chèques-cadeaux sexy en guise de remerciements pour sa participation au sondage de la firme L.B. Touchette et Fille. La lettre se lisait comme suit:

Pour vous remercier de votre participation à notre sondage, nous vous remettons ces chèques-cadeaux d'une valeur inestimable. Les avantages spéciaux vous offrent la possibilité de réserver une escorte. Cependant, étant

donné le choix restreint, une seule personne est dispo-
nible. Il s'agit de cette incomparable Lynda. Réservez
tôt, car ses nombreuses qualités et aptitudes créent une
forte demande. Nous attendons impatiemment votre
appel.

Par la suite, il m'a téléphoné mais j'étais absente. Il m'a
signifié plus tard qu'il préférait une femme plus disponible,
ayant une vie sociale plus calme. De toute évidence, il avait
beaucoup de difficulté à accepter le rejet. «Je déteste la
compétition», m'avait-il affirmé à la blague, mais d'un ton
sarcastique.

Sa confiance démesurée en prenait un coup. Lui, si
volubile face à ses conquêtes, tentait-il seulement de me
faire réagir à ses propres faiblesses? Amplifiait-il ses rencontres multiples pour m'en mettre plein la vue? Voulait-il
ébranler ma confiance et ma jalousie afin de me reprocher
mes réactions? Je l'ai souvent cru! Préoccupé par ses tracas
familiaux, il me tenait à l'écart de ses soucis.

La neige fondait au même rythme que mes illusions. De
toute évidence, le téléphone ne faisait pas partie de ses techniques d'approche. Je me suis procuré un ordinateur, prétextant l'écriture du livre de ma cousine Karo. Ces nouveaux
contacts virtuels nous permirent un rapprochement détermi-
nant. En peu de temps, nous avons développé un lien nouveau. Par contre, une espèce de compétition malsaine
s'installait entre nous. Je ne pouvais taire que ma première
rencontre avec lui avait éveillé en moi une passion trop

longtemps contenue et ma quête d'émotions extrêmes s'était extasiée. La Don Juan en moi s'affirmait enfin! Mon pôle masculin prenait son envol sans remords! Ce qui déplaisait et excitait la jalousie et la possessivité de monsieur. Le reflet de son miroir l'indisposait au plus haut point.

Certains soirs, nos conversations virtuelles tournaient au vinaigre. Elles façonnaient cependant un lien solide vers une plus grande individualité réciproque. Je devenais de plus en plus le miroir de son libertinage. Nous étions conscients et amusés par cette compétition malicieuse; elle renforçait nos faiblesses au lieu de les détruire.

Plusieurs mois passèrent et une certaine routine s'installa.

Chaque matin nous nous retrouvions virtuellement. Et lorsque nos besoins de rapprochements physiques devenaient trop intenses, nous nous fixions un rendez-vous. Des petites soirées coquines agrémentaient cette relation multidimensionnelle. Nous explorions une nouvelle sorte de relation plus libertine, moins traditionnelle. Parfois, à la dernière minute, il m'invitait à un souper-spectacle organisé pour mon plus grand bonheur. L'intensité de nos rencontres passionnelles augmentait, étant donné notre insécurité relationnelle. Avant de me quitter, il aimait me culpabiliser par des propos blessants, il essayait de me faire perdre confiance en moi. Il usait de manipulation suggestive digne d'un manque de confiance flagrant: remarques pointilleuses et sarcastiques envers cette liberté nouvelle. Contrairement à ce qu'il espérait, ma confiance intérieure se solidifiait de jour en jour. Elle m'apportait du détachement et une plus grande intuition devant cette relation marginale. Cette expérience renforçait ma force et mon pouvoir. Je renversais ce jeu de rôle manipulateur/victime vers un niveau de conscience plus élevé! Je me sentais en pleine possession de mes moyens. J'aspirais à une relation saine et complice. Le but ultime de ma vision de l'amour. J'étais très loin de cette relation traditionnelle vécue avec mon ex-mari et j'en cherchais le sens. J'expérimentais un amour nouveau, j'apprenais à vivre le détachement, l'indépendance, un amour sans condition où seul le moment présent existe. J'étais heureuse et de plus en plus épanouie. Cette relation de dualité extrême me permettait un cheminement personnel au-delà de mes attentes.

Avec un sourire, je fouinais dans les bouquins de cheminement personnel qui traînaient sur sa table de chevet. Il aimait partager avec moi ses réflexions et sa vision du couple idéal. Nous nous rejoignions parfaitement. Ouvertement, je lui ai expliqué mon travail volontaire sur ma dépendance affective, sur mon individualisation, sur mon détachement sexuel versus la possession de l'autre.

— Je ne veux pas un homme parfait, je ne suis pas parfaite. Je veux un homme qui désire grandir, qui est capable de voir ses défauts et ses qualités avec humilité afin de les transcender pour devenir meilleur.

— C'est là où j'en suis, m'avait-il rassuré.

Je voyais en lui. Intuitivement, je le captais. J'étais LUI, un double de moi mais en homme. Grâce à lui, je me transformais doucement. Je devenais plus confiante. Sa prestance m'atteignait. Son authenticité démesurée révélait davantage la mienne. Son attitude mesquine me permettait de grandir. L'ennemi devenait le maître!

En janvier 2003, une année jour pour jour après notre première rencontre, son attitude changea. Ce détachement auquel il m'avait habituée se transformait en rapprochement évident. Attentionné et plus disponible, il atteignait un tournant décisif dans sa vie.

Nous nous voyions de plus en plus, et il retournait systématiquement tous mes messages. Il s'agissait d'une simple amitié, car physiquement je ne lui plaisais pas, disait-il pour me narguer. Pourtant, la plupart de nos soirées se terminaient tendrement enlacés.

Puis, vint le jour fatidique, le dernier où je l'ai vu debout sur ses deux jambes. Il m'avait donné rendez-vous dans un bar branché de Laval. Dès mon arrivée, je l'ai vu du haut de l'escalier, il m'attendait en me scrutant au loin. Je lui ai fait un signe de la main. Il a hoché la tête fièrement.

Encore aujourd'hui, je me rappelle chaque geste, chaque mouvement, chaque parole. Il était vêtu d'un complet sport noir, et mon cœur palpitait encore en le voyant. Chaque rendez-vous devenait un défi. Il gardait le mystère, la passion enflammée des premiers jours. «Je n'aime pas quand c'est trop facile!» avais-je eu l'erreur de lui dire dès le début de nos premières conversations. Il avait saisi chaque mot. Il avait modelé notre univers selon mes demandes inconscientes sans en comprendre la portée. «J'ai dit trop facile – et non impossible», m'exclamais-je, impatiente.

Je revenais inlassablement à ces confidences où je lui avais avoué mes sentiments. Depuis quelque temps, mon cœur désirait plus. Il voulait l'amour. J'aspirais à vivre une relation plus profonde. Je voulais faire partie de sa vie. Mon attitude l'éloignait. Mais j'ai choisi malgré tout de me respecter dans l'élan de mon cœur.

La veille de la Saint-Valentin, j'espérais la grande déclaration. Nous avions l'habitude de jouer sur nos dépendances lors de nos sorties nocturnes. Comme avec un copain, il me pointait les filles à son goût; je le laissais vagabonder dans ce sens.

Durant la soirée, j'ai dansé sensuellement contre son corps, espérant une fois de plus allumer cette passion au fond de lui. Comme une rebelle sauvage, je l'ai poussé sur une banquette et je l'ai enjambé à la taille en me trémoussant contre son bassin. Je riais à gorge déployée devant son regard exaspéré face à mon enfantillage d'adolescente. Mais j'ai perçu, dans son cœur, le bonheur que ces moments de dérision lui apportaient.

— Arrête, dévergondée, plein de monde me connaît ici!

— Et après, ai-je rajouté, abruptement.

Il est resté muet.

– C'est vrai! Les filles vont trouver bizarre que tu te laisses aller comme ça en public, dis-je en prenant une voix cassante.

Pour ajouter à son malaise, j'ai empoigné ses mains pour les placer au-dessus de sa tête et je me suis penchée pour l'embrasser goulûment. Il n'a pu résister à ma demande gourmande et s'abandonna à ce délice érotique. Son regard narquois me fixait en tentant de lire en moi, de ressentir mon désir. Le temps d'une chanson, il m'a permis de vibrer à cette passion virile nous habitant puis, d'un coup sec, il m'a relevée et m'a dit: «Bon, il doit y avoir d'autres filles plus brillantes que toi ici!»

Il s'est posté le long du mur pour fureter en détail la *marchandise* défilant devant lui. Je l'ai laissé scruter et j'ai dansé au milieu d'une cohorte d'hommes. Je le regardais de loin. J'admirais une fois de plus sa prestance. Noyée dans ce brouhaha humain, je l'ai perdu de vue. À mon retour auprès de lui, il m'a demandé:

– Est-ce vrai que j'embrasse bien?

– Oui, pourquoi cette question maintenant?

– C'est pour savoir! La fille que je t'ai montrée tantôt vient de me le dire.

– Quoi? Tu viens d'embrasser la fille là-bas!...

— Pendant que tu t'amusais à danser avec douze gars.

— Voyons donc, Jean! Arrête ton jeu, il n'est pas drôle. On vit des rapprochements et tu embrasses une autre fille dans mon dos. Je ne joue plus. Je m'en vais! J'en ai assez de tes enfantillages de *p'tit gars* de seize ans.

Le cœur sur le point d'éclater et la gorge serrée, j'ai ravalé mes sanglots. Je me suis retournée pour partir. Encore maintenant, je sens son bras musclé et ferme retenant mon avant-bras. Il le serrait si fort! Par ce geste, son cœur hurlait de douleur, car incapable de s'ouvrir à l'amour. Ce geste criait sa détresse. Son authenticité palpable autant que ses émotions amoureuses restaient prisonnières au fond de son cœur. Ce simple contact foudroya mon corps et subjugua mon âme à la puissance d'un éclair. Pourquoi? Quel en était le véritable sens?

De son regard il me suppliait :

— Reste donc, je niaise.

— Non! Jean, tu ne niaises pas. Tu joues avec moi comme avec une marionnette. C'est fini! Il a fallu une soirée comme celle-ci pour je mette un *stop* à cette aventure. C'est fini! Bye.

❧

Sur la route, chaque rencontre dans ce bar défilait dans ma tête. Nous avions dansé, discuté, siroté un verre à notre passion. Des souvenirs marqués dans les pages d'un livre encore en mémoire. Je pleurais ma vie. Je pleurais de rage, de mépris, de pardon, de soif de comprendre cet homme. Pourquoi était-il si bloqué? Peut-on vivre des expériences si troublantes qu'elles nous empêchent d'accéder au bonheur pour le reste de notre vie? Je réalisais que je possédais la pureté d'une enfant face à l'amour. Je n'avais jamais été rejetée ou abandonnée par un amoureux, innocente face au pouvoir du véritable amour. J'avais appris au fil des ans à transformer la souffrance en positif pour accéder à une plus grande conscience. Je croyais en mon pouvoir cocréateur, mais assise dans ma voiture, mes belles croyances pures et innocentes s'envolaient, telles des bulles de mirage et d'illusion emportées au grand vent.

Le lendemain soir, sur le Net, il m'invita pour un souper de Saint-Valentin. J'ai décliné l'offre:

— Jean, c'est fini. J'ai eu trop mal, hier et les mois précédents, de ces rapprochements puis de ces éloignements incompréhensibles. Si tu veux aller souper ce soir, invite celle que tu as embrassée hier, elle va sûrement te dire oui.

— Jalouse!

— C'est ça! J'ai des limites et tu les as dépassées. Je ne m'amuse plus!

— Bye, bonne route.

— C'est ça, bye!

L'intolérable silence

*Il y a de ces silences
qui ne s'expliquent pas...*

Chaque jour, je vérifiais mes courriels dans l'espoir de voir apparaître son nom. Je rêvais de lui qui me dévoilait son amour. Un message virtuel envoyé pour lui dire que je préférais de loin son silence à ses mensonges. «Rappelle-moi seulement lorsque tu seras prêt à vivre une relation à long terme», message écrit en italique, souligné et en caractères gras.

Puis, la renaissance du printemps arriva lorsque j'ai reçu des nouvelles de lui. C'était le jeudi avant la fête de Pâques. Il m'a parlé avec fierté de sa maison en construction, tout près de chez moi. Promptement, il m'a invitée à me rendre pour le week-end à Las Vegas voir le spectacle de Céline Dion.

— Tu me niaises? Pourquoi tu m'invites, moi?

— C'est avec toi que je veux y aller. J'aime être avec toi, on a du plaisir ensemble et tu me fais rire.

— Jean, tu sais que je veux une vraie relation complice.

— Profite donc du moment présent, c'est toi qui me le dis souvent.

— Je ne veux plus souffrir! Je veux vivre une relation simple. Quand j'ai plus de mal que de plaisir, je décroche. J'apprends à assumer mon bonheur dans la vie. J'ai vécu suffisamment de tourments, maintenant je passe à autre chose.

— C'est bien, mais je te parle d'une sortie spéciale.

— Je le sais, mais pourquoi tu me le demandes la veille au soir? Ton premier choix t'a largué? lui ai-je riposté méchamment.

— Non, tu es mon premier choix.

— Tu pars quand?

— Tôt demain matin.

— Je ne peux pas, car je pars pour Chicoutimi avec mes filles demain matin et je ne veux pas les décevoir.

– Tu es une *crisse de folle* de refuser!

Confuse face à sa réponse irrespectueuse, j'ai fermé tout contact avec lui.

Encore aujourd'hui, je me demande ce que nous aurait réservé l'avenir si j'avais acquiescé à son escapade romantique.

Au milieu de l'été, le vendredi soir du 11 juillet, il m'appela sur mon MSN.

Une conversation toujours aussi troublante, menant inévitablement à une plus grande confusion:

– Qu'est-ce que tu fais ce soir? J'aimerais te voir, me demanda-t-il.

– C'est drôle, on ne se parle pas durant des mois et puis tu reviens comme si tu m'avais parlé hier.

– Je ne suis pas rancunier, moi.

– Arrête, monsieur Perfection!

Encore à ce moment, je devais me contenir intérieurement pour ne pas perdre tous mes moyens. Je ne voulais pas mettre mon bonheur en péril face à ma décision de me choisir, moi. Émotive, je ne pouvais cacher ma joie de le sentir si près de moi par ce média virtuel.

– Et toi, tu ne te souviens pas de mes demandes? lui ai-je dit, confiante malgré tout.

– Quoi, tu as envie de moi comme jamais?

J'ai souri devant son humour narcissique.

– Non, je veux une relation stable. Es-tu rendu là?

– Si tu veux le savoir, viens me rencontrer!

– Manipulation, encore et encore! Je commence à te connaître comme si je t'avais tricoté. Ton manque de sexe te rend particulièrement mielleux.

– Tu le sais que j'ai une liste longue de femmes, alors si je t'appelle, c'est que tu es l'heureuse élue.

– Blablabla… lui ai-je rouspété, comme essoufflée par son insistance.

Forte et décidée à lui tenir tête, je lui ai souhaité une belle fin de soirée.

– Ma maison est presque finie, tu viendras la voir? terminant notre échange sur un ton que je devinais presque suppliant.

Les semaines passèrent, et je voyais le vide s'installer devant sa maison en construction. Parfois, j'avais des visions éprouvantes. Je le voyais dans un lit d'hôpital. Je tentais d'enfouir ces signes troublants en prétextant qu'il s'agissait du fruit de mon imagination. «Il est sûrement en amour avec une fille ou bien il est parti à son chalet», me rassurais-je pour expliquer le calme autour de sa maison.

L'été a passé, et ma vie reprenait un autre sens. J'ai rencontré Gilbert, un homme bien, gentil, avec qui je vivais de bons moments. La passion n'était pas au rendez-vous, mais j'apprenais à apprivoiser l'amitié, à développer un amour moins troublant, moins passionnel.

À la mi-septembre, j'ai pris la décision de téléphoner à mon Adonis pour sa fête. Son silence m'inquiétait. Plus les jours passaient et plus cette sensation d'un grand malheur m'enveloppait.

Son téléphone sonnait en vain. Sa voix virile ne me répondait que sur le répondeur. Elle suffisait à me procurer une gamme d'émotions. J'ai laissé un message banal.

– C'est Lynda… Bonne fête à toi! *Coudonc!* es-tu mort? Je n'ai pas de nouvelles de toi depuis quelque temps et ta maison semble très tranquille. Donne-moi de tes nouvelles! Au plaisir de te jaser… Bisous.

Ce cri du cœur sera-t-il entendu?

Retrouvailles célestes!

On ne peut nier la loi universelle
de l'attraction...

---

*J*e marchais d'un pas incertain dans les corridors froids de l'hôpital. Une impression de déjà vu me fit frissonner. Adolescente, je me souvenais d'un film intitulé *Gabriel,* qui m'a marquée à jamais. Il s'agissait d'une histoire d'amour avec un homme devenu handicapé. Je voulais vivre mes émotions intensément. Plus j'avançais dans la vie et plus je me trouvais marginale. Ces émotions extrêmes me rendaient vivante. Depuis l'écriture du livre de ma cousine Karo, dont je partageais sa philosophie, je comprenais davantage la personne que j'étais. J'adorais vibrer et sentir mes sens en effervescence. Lors de ces événements, j'ai écrit cette citation qui rejoignait parfaitement mes sentiments profonds.

Pour moi, âme curieuse et joyeuse venue explorer la matière, mon plus grand bonheur est de vibrer de tous mes sens.

Je vivais chaque émotion comme un cadeau. Ni positive ni négative, je les acceptais, tout simplement! Je me trouvais privilégiée de vivre autant d'intensité vibratoire.

Je longeais les murs et regardais dans chaque embrasure des portes entrouvertes. Je prenais même plaisir à m'imaginer les premières images de celui que j'allais retrouver. Je le voyais au fond de la chambre dans son fauteuil roulant, regardant par la fenêtre. Mon cœur a bondi. Une grande tristesse mêlée d'une joie intense m'a submergée.

Mon corps en alerte, j'ai aperçu le numéro de sa chambre et j'ai poussé doucement la porte. Je l'ai vu étendu sur le lit. Il dormait à poings fermés, tel un petit garçon. Les larmes me montèrent aux yeux. Incapable de me retenir, je me suis éloignée afin de graver l'image de lui VIVANT. Sans faire de bruit, j'ai apprécié le moment, heureuse de le voir endormi. Je m'étais promis de retenir mes sanglots. Son dernier appel criait le désespoir: «Lynda, j'ai besoin de ton énergie positive, de ton dynamisme pour reprendre de l'intérêt à la vie.»

En essuyant mes larmes, je me suis approchée doucement de lui, je le contemplais. Son visage était beau, amaigri et cerné mais sans cicatrices, sans marques de son accident. Il dormait profondément. Je l'admirais. J'honorais sa force, son pouvoir. Il respirait normalement. Après quelques minutes, je me suis penchée vers lui et je l'ai embrassé sur le front. Il a ouvert les yeux doucement. Sans dire un mot, il m'a regardée à son tour. Il me contemplait, comme heureux de me voir à ses côtés. Je pleurais doucement. Il a versé quelques larmes qui s'incrustèrent dans un sillon formé au coin de son œil par trop de larmes versées. Je lui souriais, les lèvres et le visage tremblants. Les mots restaient au fond de ma gorge, coincés dans un étau d'émotions. J'inspirais pour reprendre le contrôle de mon corps. Il me fixait intensément, son regard transperçait mon âme. Il s'est mis à gesticuler avec les lèvres et la tête pour me parler. Aucun mot ne sortait. Prise de panique, j'ai rapidement réalisé qu'une trachéotomie l'empêchait de s'exprimer. Avec son menton, il m'a indiqué la table de chevet et j'ai vu l'instrument nécessaire à son élocution. Une fois le bidule installé, il m'a dit *Salut!* d'une voix enrouée.

Mes pleurs ont repris. Le simple son de sa voix m'ébahissait. Je me suis excusée de pleurer autant et je l'ai rassuré :

— Laisse-moi pleurer un peu, ça dilue le trop-plein.

— Tu n'étais pas supposée venir avant-hier, toi?

— Jean, ne commence pas. J'ai beaucoup réfléchi. Je savais qu'en venant ici, ma vie changerait. Il y a presque trois mois qu'on ne s'est pas parlé… Ma vie aurait pu continuer ainsi.

Je me rappelais l'émoi ressenti lors de son retour d'appel, trois jours auparavant…

— Salut, c'est moi!

— Jean, je te pensais mort! Qu'est-ce qui t'arrive?

— J'ai eu un accident, Lynda.

— Ah oui?

— Non, Lynda, c'est sérieux… C'est ma sœur qui tient le téléphone pour que je puisse te parler.

— Ben voyons donc! Qu'est-ce qui t'arrive?

— Lynda, je suis paralysé, j'ai seulement ma tête qui bouge.

— Arrêtes, tu me niaises?

— Non, je ne te niaise pas… J'ai frappé un bloc de ciment sur l'autoroute 25, j'ai capoté et je me suis fracturé une vertèbre.

En pleurs, incapable de parler plus longuement, j'ai rajouté, étouffée par les sanglots:

— Où es-tu? C'est arrivé quand? ai-je demandé, abasourdie par les événements.

Essoufflé par la conversation, il a ajouté:

– Le 13 juillet dernier, deux jours après notre conversation. Et là, je sors à peine du coma. Je commence à reprendre le contrôle de ma vie. Je suis à l'hôpital Sacré-Cœur à Montréal.

– Jean, c'est terrible! Voyons donc, je rêve, je vais me réveiller et la vie va se poursuivre comme avant.

– Non, Lynda, et quand j'ai entendu ton message sur le répondeur, j'ai été sonné! Surtout quand tu as dit: *Es-tu mort?* J'ai réalisé que j'étais vivant, bien en vie…

Après cette conversation bouleversante, j'ai pris trois jours de réflexion, consciente de mes sentiments refoulés par son indifférence. Cette expérience m'interpellait au plus profond de mon âme. Ces images incessantes confirmaient mon intuition. Un lien si fort nous reliait au-delà du temps, au-delà des rejets; ces mystères du cœur, tels une décharge électrique, signifiaient que deux êtres dans leur entier se rejoindraient. La loi universelle de l'attraction.

L'univers nous recentrait vers ce destin bifurqué. Avions-nous le choix de nous éloigner ou de nous rapprocher? Cette attraction, telle une force magnétique, nous enveloppait divinement; notre mental devait s'incliner devant cette fusion. Pourquoi la vie m'amenait-elle à vivre des expériences si extrêmes? Était-ce moi qui les attirais pour grandir? Pousser ce désir de cheminement pour atteindre l'absolu? Devais-je vivre des étapes d'apprentissage d'une grande rigueur, une sorte d'initiation? Cette quête de sagesse me transportait-elle plus loin que mes limites humaines? Me fallait-il absolument vivre ces moments divins pour accéder à ce niveau de conscience auquel j'aspirais?

En fermant les yeux ce soir-là, j'ai promis à cette énergie divine, à mon Dieu, à Karo, à Jean que je l'aiderais avec toute la force et l'énergie dont je disposais. Je devais transcender vers la lumière pour qu'il puisse vivre une vie heureuse. Je m'en suis remise à mon Dieu afin qu'il guide mes pas. «Entre tes mains, je m'en remets», lui ai-je répété, les bras en croix.

Transcendance
magique

Les larmes purifient
chaque cellule de notre corps...

Je le visitais régulièrement depuis des mois. *Mes visites me* nourrissaient mais je n'en réalisais pas les bienfaits. Sa froideur me faisait mal. Seuls les commentaires du personnel m'encourageaient. «Quand tu es là, ses yeux brillent, il reprend vie», m'avait confié une infirmière en service.

Il essayait de se détacher de mes visites. «Fais comme tu le sens, tu n'es pas obligée de venir si souvent», m'avait-il suggéré.

Par contre, si je ne respectais pas mon horaire, je sentais son orgueil reprendre le dessus. Parfois, sa dépendance psychologique était proportionnelle à sa dépendance physique. Je gardais une certaine distance pour lui laisser son autonomie. Il jouait souvent l'indifférent. Ses attentes et la déception qu'il affichait face à sa famille et à ses amis en disaient long sur ses émotions, même si ses visiteurs étaient nombreux, car il avait plusieurs frères et sœurs. Dans sa souffrance omniprésente, il trouvait difficile le rejet.

Étant donné sa condition, sa chambre restait ouverte sur le poste de réception. Aucune intimité possible. Un va-et-vient constant nous empêchait de vivre des moments complices. Orgueilleux, il préférait cacher cette relation. À chacune de mes visites, je prenais le temps de lui concocter un petit plat ou une gâterie. Pour célébrer la vie, j'avais installé un prisme de cristal au-dessus de son lit. Il riait de ses effets lumineux et de mes croyances surréalistes.

— Jean, ce prisme représente beaucoup pour moi. J'en ai acheté un identique pour mettre dans ma chambre. J'aime croire à ce lien intime et unique qui nous relie. Lorsque tu apercevras des rayons d'arc-en-ciel dans ta chambre, sache que ce sont nos deux âmes qui se rejoignent grâce à cette énergie lumineuse.

— Si tu y crois, ça doit être vrai, m'avait-il répondu de son air moqueur habituel.

Dans ces moments d'intenses émotions, il adoptait une attitude détachée et indifférente. J'apprenais à rester insensible, sachant ses vibrations et ses paroles en contradiction. Nous étions devenus comme un vieux couple. Je lisais chacune de ses pensées. De plus en plus, je prenais conscience des personnages que nous incarnions. Lui, le méchant, moi, l'ange coloré, le yin et le yang, l'ombre et la lumière. Je percevais cette dualité qui voulait fusionner en imaginant deux entités distinctes.

— Je pense mettre un piercing sur ma langue! lui avais-je lancé cet après-midi-là.

— Tu vas y mettre quoi? m'avait-il répondu avec un certain intérêt.

— Peut-être un ange!

— Moi, je vais mettre le diable ou la fourche, avait-il rajouté en s'esclaffant de son rire narquois.

— Ce serait assez représentatif de ce qui sort de ta bouche, jamais de belles paroles angéliques.

— C'est toi, mère Teresa, pas moi.

— Tu pourrais t'efforcer un peu plus côté délicatesse. Tu rejettes tout le monde. Ta famille, tes amis, moi.

— Vous avez sûrement d'autres choses à faire que venir perdre votre temps ici.

— Pense donc pour toi au lieu de penser pour les autres! Laisse-nous vivre ce que nous avons à vivre à travers cette expérience.

Assis côte à côte, je lui tenais la main. Il me permettait ce rapprochement physique, s'amusait-il à me dire. L'espace froid et restreint de notre intimité se limitait à un immense lit situé au milieu de la pièce, un meuble supportant le téléviseur, divers appareils pour ses soins quotidiens et une chaise inconfortable. Un rideau séparait notre lieu intime du personnel infirmier. Le téléviseur ouvert en permanence lui assurait une présence, mais surtout un détachement visuel et émotif à notre complicité.

Noël approchait. Il planifiait une sortie possible dans sa famille. Des nausées intenses l'empêchaient cependant de rester longtemps assis dans son fauteuil roulant. Il devait apprivoiser ce fauteuil remplaçant ses jambes. Incapable d'accepter sa condition, son corps rejetait inévitablement cet amas de ferraille. L'adaptation serait longue!

Choquée, car il était trop absorbé par une émission de télévision, je lui ai demandé s'il tenait toujours à ma présence.

– Je ne t'ai pas demandé de venir, m'a-t-il répondu, offensé.

Depuis longtemps, je savais que je n'avais jamais raison!

Son indifférence me faisait encore plus mal. Les émotions remontaient à la surface. Je tentais de les transcender pour ne pas lui faire vivre tous ces tracas additionnels, consciente qu'il gérait lui aussi son lot d'émotions et de ressentiment. Incapable cette fois-ci de rester de marbre, je lui ai lancé:

– J'ai toujours hâte de venir te voir. Tu pourrais me démontrer un peu de bonheur au lieu de jouer la comédie. Quand je te regarde étendu là, je me rends compte de la carapace que tu t'es forgée. J'ai même fait un dessin pour te faire réaliser que, physiquement, tu es le reflet de ton intérieur. Si tu changes ton état intérieur, ton extérieur va refléter différemment. Je lui ai montré un photomontage créé de mon imaginaire.

La gorge nouée d'émotion, j'en ai profité pour vider mon sac. Depuis des semaines, je gardais chacun de mes sentiments. «Traite-moi comme un homme *normal*», m'avait-il déblatéré un certain soir. J'ai donc laissé ce surplus sortir de plein gré:

– Depuis que je te connais, tu agis comme si j'étais *une* parmi tant d'autres. Pourquoi m'as-tu rappelée? Pourquoi je vibre de bonheur quand tu es là? Pourquoi je ressens la même chose venant de toi?

– Si tu es là, c'est parce que je te voulais dans ma vie.

– Oui, j'imagine, mais jamais tu ne l'avoues. Même quand tu étais sur tes deux jambes. Tu m'appelais quand ça te plaisait. Jamais je n'ai su tes véritables sentiments.

Le cœur de plus en plus gonflé par mes émotions, j'ai senti un vent de complicité et d'authenticité souffler entre nous. J'ai perçu un abandon véritable. Deux ans de retenue ont jailli comme un torrent d'énergie. En fait, c'était magique; une partie de sa vie se révélait devant mes yeux bouffis par les pleurs:

— Lynda, depuis que je suis tout petit, je n'ai jamais été heureux. Adolescent, j'ai eu une blonde et elle m'a laissé. J'ai eu mal, très mal, et je me suis promis de ne plus jamais souffrir.

Je l'écoutais, silencieuse.

— Je pensais que je serais plus heureux avec le temps, mais ce mal-être est plus profond qu'une simple peine d'amour. Il me suit partout. J'aimerais aimer comme toi. Je ne suis pas capable de m'ouvrir. Je me sens comme un coffre.

Il pleurait à chaudes larmes. Je me suis approchée davantage de lui en caressant son front. Le souffle court, il s'abandonna. Je me sentais tellement privilégiée qu'il ouvre enfin son cœur.

— J'aurais aimé t'appeler mais j'avais peur. Que tu sois occupée ou encore que tu me rejettes. Je n'ai jamais eu confiance en moi. Même si tu as toujours vanté ma prestance. C'était juste de l'illusion – un immense masque forgé pour taire l'indifférence que j'essayais d'éprouver envers toi. Tu es un rayon de soleil, et moi, j'étais dépressif. Quand on s'est revus en janvier, avant mon accident, je prenais des antidépresseurs. Jamais je n'aurais voulu te l'avouer.

Appuyée sur son front, les larmes m'inondaient. Il pleurait lui aussi. À bout de souffle, nous prenions de grandes respirations. Incapable de parler, je l'écoutais... Les mots se bousculaient à la porte de son cœur.

Mon corps maintenant allongé près du sien, je vibrais de tout mon être. Je laissais les larmes de lumière couler sur son visage dans l'espoir de détruire les images négatives pour les transformer en énergie d'amour et de joie. Il tremblait de tout son corps.

— Tu avais tant à m'offrir, Lynda. Ton amour était un feu, trop fort pour moi. Je percevais tous mes blocages. Je voulais t'aimer comme, toi, tu m'aimais. Jamais de ma vie, je n'ai partagé mes sentiments. Je n'ai jamais été capable de parler et de dire ce que je ressentais.

Non... non... pas maintenant! criais-je sous l'émotion.

J'étouffais littéralement, comme incapable de recevoir autant d'amour. Tous ces ressentis enfouis dans mon cœur explosaient au grand jour. Incapable de croire qu'il partageait son amour. J'avais tant attendu ce moment.

— Pourquoi, Jean... pourquoi.... Nonnnnnn.... Nonnnn, je ne peux pas croire que nous sommes passés à côté de tout ça! Nonnnnn...

Incapable d'en dire plus... je répétais *nonnn*..., inlassablement.

Il poursuivit :

– Pourquoi tu ne m'appelais pas ? Pourquoi tu n'es jamais venue me voir à ma maison ? Pourquoi tu n'insistais pas ?

– Je ne sais pas, Jean... non... Je ne sais pas... moi aussi j'avais mal. J'avais peur... d'avoir mal... de t'appeler et que tu me dises que tu étais occupé avec une autre. J'ai souvent voulu te surprendre en allant te voir. Je ne voulais pas te déranger, non plus.... Non, je ne peux pas croire, Jean, que nous sommes passés à côté.

Incroyable ! Je réalisais que les mêmes peurs nous paralysaient.

Il continua :

– Je n'ai vu aucune femme durant les six derniers mois avant mon accident. Je m'amusais ici et là, mais sans plus. Je construisais ma maison avec l'espoir que nous développerions une relation plus complice.

– Oui, mais tu me disais me vouloir seulement comme amie.

– Je sais, c'était ma façon de te garder près de moi, sans ouvrir mon cœur. Avec ma séparation, je ne voulais pas te faire vivre mes sautes d'humeur.

– Merci... merci... je t'aime tellement.

– Non, je voyais la pureté de ton amour. Pour moi, c'était comme si je ne le méritais pas. J'aurais voulu devenir meilleur, vivre cette relation à laquelle tu me permettais d'accéder, mais tous mes blocages m'en ont empêché.

– Dis-moi, est-ce qu'on vit un rêve... un cauchemar ?

Embrasée par le feu de l'amour, je fusionnais avec son être entier. Nous étions devenus inséparables, notre univers tourbillonnait dans un espace-temps, empêchant toute autre vie autour de nous. Un temps d'arrêt pour nous permettre de vivre ce moment mystique inoubliable. Enlacés et muets, nous laissions l'énergie nous pénétrer. Les tremblements, les palpitations et le rythme respiratoire se calmèrent peu à peu. Nos cœurs emprisonnés se libéraient. Cet élan nous dirigea vers une escalade d'intuitions divines inexplicables : une sorte de connexion magique !

– Jean, je vais écrire un livre sur ta vie, sur ton expérience. Ce n'est pas un hasard si je suis avec toi et si j'ai écrit le livre de ma cousine.

– C'est moi qui parlerai dans ce livre. Je n'ai jamais été capable de parler de ma maudite vie ! Je vais aider les autres gars à faire la même chose : parler, ouvrir leur cœur... débloquer leurs sentiments.

– Oui, tu diras *tout* ce que tu veux dire ! Tu n'auras pas vécu une expérience si troublante en vain. Nous ferons ressortir le positif dans ce livre.

— Jean, je sais que tu peux guérir, crois-y toi aussi. Nous écrirons les chapitres ensemble. Je veux une belle fin! Je veux écrire ta guérison. Tu marcheras et tu courras... Tu es capable! Tu es tellement fort et puissant. Dieu nous aidera dans cette épreuve et fera des miracles.

Mes baisers et nos sanglots se déversaient comme un flot d'énergie, nous transportant vers une libération de nos deux corps. Une libération karmique m'envahissait. Comme si nous débloquions des années, voire des vies entières d'amour contenu. Un mélange inexplicable de ressentis vers une intuition plus profonde. Un livre qui permettrait à une majorité d'hommes et de femmes de se libérer des mêmes peurs et des mêmes doutes. Une liberté nouvelle vers l'*amour inconditionnel* dans sa plus grande *magnificience*. Je frissonnais, je tremblais de joie, car nous pénétrions maintenant dans cette énergie nouvelle. Je m'abandonnais totalement à cette mission!

Comme j'aimais cet homme! Cette vulnérabilité, cette sensibilité extrême qui lui avait forgé cette carapace qui l'avait rendu captif. Pourquoi tant de souffrances et de blessures nous empêchaient-elles d'avancer?

En fusionnant à son corps, j'ai ressenti un sentiment de compassion inexplicable. D'un seul coup, le pardon m'a remplie de son énergie. Il me permettait, une fois de plus, de transcender mon ressentiment devant son attitude, ses comportements contradictoires et ses rejets inexplicables.

D'un seul coup, en l'espace de quelques heures, j'ai retrouvé cet état de pure joie, de pur bonheur. Cette expérience que j'ai nommé *transcendance magique* m'a permis de transmuter toutes les peurs et les doutes accumulés depuis notre première rencontre. Une nouvelle confiance en moi et en mes intuitions naissait grâce à ce moment magique. Dans l'humilité et dans l'abandon du moment présent, nous offrions nos faiblesses et nos défauts à une énergie nouvelle et celle-ci nous transformait miraculeusement. Un renouveau élevant notre niveau de conscience vers une sagesse, voire une sérénité. Étendue à ses côtés, j'honorais sa divinité! J'admirais le divin en lui! Je flottais dans une béatitude surhumaine.

Le temps filait à vive allure, les saisons nous rappelaient les différentes étapes de notre cheminement, la froideur de son âme devenant parfois atroce. Notre seule bouée de sauvetage se définissait par notre capacité à vivre notre moment présent dans le lâcher-prise et par notre confiance en la vie. Ses éternels rejets me permettaient de transcender différentes facettes de mon évolution. Le premier temps des fêtes fut très bouleversant pour lui et pour moi. C'est avec arrogance qu'il m'avoua son besoin de solitude pour cette période festive. Souvent lasse de ses ritournelles enfantines, je pleurais pour purifier mes blessures et mes souffrances. Je reprenais la route avec mon bagage, balluchon sur l'épaule. Je me sentais incapable de changer de trajectoire. Chaque chemin me ramenait à lui. La renaissance du printemps et le chant des oiseaux me redonnaient confiance en sa lumière jaillissante. Je suis retournée à son chevet après plusieurs semaines. Il avait pris la peine de communiquer avec moi pour m'annoncer son déménagement prochain: «On me transfère à l'Institut de réhabilitation de Montréal. J'aime autant te le dire, ça va t'éviter de me chercher!» m'avait-il lancé lors d'un appel surprise. À chacune de mes visites, je tentais de transcender mes peurs et mes doutes pour l'imprégner de doux souvenirs et d'une énergie vivifiante. Ses yeux brillants me laissaient parfois croire à un nouveau bonheur et à une plus grande sagesse face à ce destin si cruel.

Intimité dévoilée

*Vivre le moment présent
dans la spontanéité de l'être...*

Un dimanche parmi de nombreux autres, le soleil brillait de toute sa magnificence. Le temps frais faisait place à une belle journée chaude et j'en avais profité pour arriver tôt. J'avais acheté des fleurs et un ballon sourire pour égayer et souligner ce déménagement. Après des mois à l'Hôpital Sacré-Cœur, on l'avait installé dans une chambre beaucoup plus intime. Lors de ma dernière visite à l'hôpital, il m'avait demandé de le raser. Avant l'accident, Jean avait une extrême fierté pour son corps, car il s'épilait partout, sauf les jambes. Mais depuis tout ce temps, ses traitements au laser perdaient de leur efficacité un peu plus chaque jour. Il croyait que je profiterais de cette occasion pour me défouler.

Cet après-midi-là, donc, j'avais acheté la trousse parfaite de l'épilation à la cire. J'étais heureuse de lui épiler les jambes et le torse. Je jubilais de tirer de toutes mes forces sur chaque bande épilatoire, lui qui ne ressentait plus rien. Je l'ai dévêtu avec soin. C'était l'une des première fois où nous vivions un tel rapprochement. Comparativement à la chambre que Jean occupait lorsqu'il était aux soins intensifs, cette chambre intime nous offrait une nouvelle liberté. Comme il était installé nu devant moi, je ressentais son malaise de ce nouveau corps amaigri et affaibli, lui qui s'était efforcé toute sa vie de suivre un programme d'entraînement intensif dont les résultats s'étaient avérés magnifiques. Cependant, il a lâché prise et j'ai pu découvrir son corps en toute humilité.

Je le voyais allongé, son regard fuyant sa propre réalité. Je le sentais mal à l'aise de se présenter ainsi, dépendant. Je captais ses moindres émotions, car nous avions toujours été un miroir l'un pour l'autre.

Ce corps étendu, dénudé, dont le teint blanchâtre ne m'étonnait plus. Ce jour-là, j'ai réalisé que mon engouement et mon excitation demeuraient aussi intenses que lors de nos premières nuits d'amour. J'avais hâte de le toucher, de vivre cette intimité. Je n'avais aucune attente face à mon exploration, je désirais simplement vivre ce moment intensément. Une musique douce créait une ambiance chaleureuse et sereine. Lentement, une à une, j'ai pris les bandelettes et je lui ai enlevé les poils superflus. Ses jambes maintenant épilées me paraissaient plus maigres. Ses muscles atrophiés ne soutenaient plus sa peau. J'ai continué l'épilation sur tout son corps. Indifférent, il regardait les images à la télévision. Mais il vibrait à un autre niveau.

— Jean, tu réalises comme c'est extraordinaire que tu t'abandonnes devant moi comme ça?

— Ai-je le choix, *crisse*? me répondit-il sèchement pour me montrer qu'il ne voulait pas poursuivre dans ce sens-là...

— J'ai mes deux jambes, je suis en parfaite santé et j'aurais de la difficulté à me coucher nue devant toi dans un tel abandon.

— C'est normal, tu as un *pétard* en face de toi, rajouta-t-il de son ton sarcastique.

— Tu as raison, répondis-je.

Je poursuivais mon travail d'épilation, alors que ce moment s'avérait des plus révélateurs. Plus je l'épilais et plus une vague d'amour m'enveloppait. J'éprouvais de l'amour inconditionnel. Je me laissais imprégner de cette énergie enveloppante. Elle circulait entre nous, tel un tourbillon. Je ressentais un monde d'amour inconditionnel jaillissant du fond de mon cœur et qui changerait nos vies à jamais. J'expérimentais une fois de plus une guérison intérieure. Après avoir accédé au pardon, je baignais maintenant dans un océan d'amour pur où les complexes, les jugements et l'apparence physique perdent leur importance. Un lieu de pureté où le monde superficiel et l'ego n'ont plus de place. Une fois l'épilation terminée, il m'a demandé de prendre un rasoir et de raser la région amazonienne de son pubis. La musique d'ambiance a envahi mon cœur. Je tremblais d'excitation comme jamais dans ma vie. Son organe flasque et mou prenait de l'ampleur à chaque coup de rasoir. Je retrouvais son pénis dans toute sa splendeur, en érection comme avant!

Avec une confiance nouvelle en son cœur d'enfant, il s'est permis de dire: «Je pourrais me faire opérer pour que ma sonde passe dans ma vessie plutôt que dans mon pénis.»

Sans gêne, il m'a demandé de le caresser. Avec précaution, j'ai saisi sa verge énorme et lentement j'ai fait des mouvements de va-et-vient, aussi maladroite qu'une jeune adolescente. «Te rends-tu compte, Lynda, je ne peux même pas me masturber!» ajouta-t-il pour me faire réaliser l'ampleur de son handicap. Les joues colorées et le souffle court, je redécouvrais la sexualité de ma jeunesse. Aussi innocente face aux effets potentiels de mes caresses et à la réaction physique possible de mon partenaire. Je prenais un malin plaisir à m'attarder sur ce membre raidi comme pour un garde-à-vous! J'embrassais doucement son corps, ses mamelons, ignorant son malaise. Je le regardais profondément et j'ai vu ses yeux pervers et vicieux m'admirer comme s'il ressentait tous les délices de mes caresses mais… sans aucune sensation perceptible de son côté. Quant à moi, mes sens à leur paroxysme, chaque cellule de mon corps vibrait, en effervescence.

Les yeux fermés, je me rappelais tout le plaisir qu'il avait su me procurer, et nous nous sommes remémoré nos nuits d'amour. Des larmes de bonheur coulaient sur nos joues. Cet après-midi-là fut un moment unique. L'abandon dans l'amour inconditionnel, l'humilité et la complicité devant nos faiblesses et nos peurs. S'ouvrir à l'autre avec la spontanéité d'un enfant. Des larmes coulent encore sur mes joues à ce souvenir unique. Des moments sublimes de pur bonheur...

Et à partir de cet instant, j'ai vu dans le visage de mon amoureux une lumière, une force qui lui a permis de poursuivre son chemin encore pour quelque temps.

Lui, dans l'ombre de ses doutes, et moi, dans la lumière de la confiance. Plus j'avançais dans cette relation, plus j'apprenais à aimer cet homme, mon pôle opposé, mon yang, mon ombre. Je transcendais ce côté de moi pour l'amener doucement vers la lumière.

L'été devenait pour lui une période difficile. Il préférait ne pas me questionner sur mes différentes activités et lorsque je partageais mes joies, il disait ne pas être intéressé. J'ai compris rapidement ses sautes d'humeur, car sa douleur devenait insupportable. Il m'a alors rejetée une fois de plus en m'ordonnant de prendre la porte lorsque je lui ai raconté un week-end entre amis. Pourtant, ces conversations me laissaient libre de toute attache, prétextant m'offrir toute la liberté afin de me sentir à l'aise dans une relation ouverte, comme nous avions su l'entretenir au début de nos fréquentations.

Quelques semaines passèrent, puis j'ai reçu un coup de fil. J'ai appris son déménagement prochain au Centre de réadaptation Lucie-Bruneau de Montréal. Une année et demie s'était écoulée depuis son accident. Son ton enjoué m'intrigua. Je sentais en lui un nouvel homme avec de nouveaux rêves et de nouveaux objectifs. J'ai profité de son enjouement pour le revoir. J'apprenais à lâcher prise, car je ne pouvais pas l'aider à atteindre cette lumière, cette joie. Il devait cheminer seul. Son cœur devait transcender son côté rationnel. Pas facile! Je cheminais personnellement et spirituellement. Je rencontrais un maître Reiki régulièrement afin de vivre le détachement devant cette expérience des plus vertigineuses. Je restais sereine et heureuse, intérieurement consciente que je vivais des moments privilégiés qui me permettaient de grandir rapidement.

À l'une de mes visites, il m'a demandé:

— Lynda, prendrais-tu un homme comme moi avec toi?

— Oui, n'importe quand! ai-je répondu avec ma spontanéité habituelle. Nous avançons vers ça, de toute façon. J'ignore de quelle manière, mais contentons-nous de suivre le chemin qui nous est tracé.

Cette réponse, émergeant de la lumière d'un phare au fond d'un tableau marin, ferait partie de cette nouvelle route à suivre.

Prétextant être une loque humaine, il aimait me mettre face à l'ampleur de sa demande. «Jean, arrête. Si tu dis tout ça pour essayer de me convaincre du contraire, tu perds ton temps. Je sais très bien ce qui s'en vient... Il faut juste laisser faire le temps...»

Lorsqu'il fut transféré au Château Westmount, dans l'ouest de Montréal, il se retrouva face à sa réalité. Cet endroit devenait sa maison, plus d'avancement possible, plus de déménagement, il avait atteint son maximum d'autonomie; et le seul endroit pour habiter était ce centre d'accueil pour personnes âgées.

Nos propos tournaient de toute évidence vers un retour à sa maison. Pris dans les lois gouvernementales du système de santé, il devenait prisonnier des décisions des dirigeants de ce système. Il a dû travailler fort pour obtenir un rendez-vous avec une équipe multidisciplinaire afin d'envisager d'autres solutions. Son mal-être se reflétait dans son quotidien, il devenait de plus en plus arrogant et problématique avec le personnel. Son idée de partir pour aller vivre chez lui était figée au fond de son âme et il y arriverait indéniablement. Nous devions convaincre les spécialistes de notre bonne foi et de la réussite d'un tel projet. La mission fut longue mais accomplie!

En peu de temps, j'ai laissé mon emploi. J'ai vendu ma maison. Il pouvait enfin quitter cette prison de verre sous cette seule condition. Ma présence était exigée 24 heures sur 24. Ce fut avec une confiance absolue en la vie et un abandon total que j'ai imploré une fois de plus cette force puissante. Je croyais en cette loi du retour promettant que tout acte fait dans un don de soi et dans l'amour inconditionnel saurait me guider vers un monde meilleur. La vie, l'univers, cette source en laquelle je crois fermement est sans nom et sans limites. C'est avec une confiance totale que j'ai quitté mes avoirs et mon ancienne vie, tout en ayant la garde de mes filles une semaine sur deux, pour aller vivre mon ultime rêve : le voir heureux dans sa maison.

C'est avec fébrilité et un bonheur intense que j'ai préparé avec ses quatre enfants son arrivée dans sa maison. Cette maison qu'il avait quittée tout *bonnement*, par un beau dimanche après-midi, sans se douter qu'il n'y reviendrait que deux années plus tard en fauteuil roulant. Son orgueil, ses rêves et ses ambitions avaient disparu, comme le brouillard par un matin ensoleillé.

L'adaptation serait difficile pour lui. On nous avait suggéré une période d'essai afin de voir si ma résistance à son caractère serait proportionnelle à mon amour. Dès les premières soirées, cette promiscuité nous a transportés dans un monde unique auquel nous avions rêvé tous les deux secrètement.

Mon éveil tantrique

---

*Le feu de la passion
brûle les blessures de l'âme...*

La magie de notre première soirée ensemble fut le présage du chemin tantrique auquel nous avions accès. Nous terminions cette journée assis côte à côte et satisfaits. Nous regardions la télévision. Vers 22 heures, je lui ai fait part de mon intention de prendre une douche. Il m'a proposé de prendre un bain tourbillon, étant donné la journée difficile que nous avions vécue. Avec humour, je lui ai proposé de venir me rejoindre et, dans nos échanges taquins habituels, nous avons élaboré nos fantasmes plutôt débridés. Ce soir-là, dans sa voix, il y avait une supplication, une joie intérieure qui se projetait sur mon âme, à me vouloir dans sa baignoire qu'il avait lui-même installée et surtout à me savoir si près de lui dans toute mon intimité.

Avec un regard sensuel, j'ai ajouté:

— Tu viendras me rejoindre…

Et, sur un ton de supplication, je lui ai confié encore une fois mon désir de vivre des rapprochements physiques. Je voulais me coucher nue à ses côtés. Le caresser, me caresser jusqu'à satiété. Mais ses propos évasifs et sarcastiques me ramenaient toujours à la réalité. *Jamais il ne se laissera aller à cette intimité*, pensais-je secrètement.

Quelques fois, par mégarde ou par curiosité de découvrir de nouvelles sensations, il s'abandonnait à des moments de grâce. Ces moments demeureront dans mon cœur pour l'éternité. Ces rares fois furent des moments d'égarement, selon ses propres réflexions.

J'ai quitté la pièce pour faire couler l'eau du bain. Puis, par intervalles, je revenais le visiter, de plus en plus dénudée.

Je voulais attiser son regard. Je voulais émoustiller son désir.

Langoureusement, je me suis dirigée vers son immense juke-box installé près de son lit. Je me trémoussais devant les choix musicaux, contrairement à mon habitude où j'entreprenais quelques gestes audacieux pour ouvrir son monde à des sensations et des plaisirs différents. Il riait et jouait avec moi. J'adorais cette attitude d'innocence qu'il projetait lorsqu'il se permettait de laisser s'extérioriser le *p'tit gars* caché en lui. Rarement, il se laissait aller à la fraîcheur et à la spontanéité du moment présent. Je tentais de lui faire découvrir cette qualité qu'il appréciait tant chez moi.

Je ressentais, pour la première fois depuis plusieurs mois, une joie et un sentiment d'optimisme face à son attitude. L'ambiance était à la fête, et je profitais de son énergie positive pour en mettre un peu plus. La chaleur de mon corps augmentait à mesure que mes propos évocateurs se révélaient. L'intensité du moment me permettait de ressentir une plus grande complicité. Consciente que son état physique ne lui permettait pas de prendre ce fameux bain, je l'incitais clairement à venir me rejoindre, comme nous l'avions déjà fait auparavant. Même si nous avions entretenu une relation souvent distante et indépendante durant près d'un an et demi avant cette terrible tragédie, j'avais toujours des sentiments très forts pour lui. Aujourd'hui, j'apprenais à l'apprivoiser.

Finalement, une fois la baignoire remplie, j'ai disparu dans mon univers. J'avais pris la peine de lui confirmer que ce bain-là, je le prenais avec *lui*. J'avais pris soin de placer des chandelles ici et là. La musique résonnait partout dans la maison. Elle vibrait en moi jusque dans la moindre de mes cellules. Elle allumait mes sens au plus haut point.

Je frissonnais à l'écoute de vieux souvenirs de Led Zeppelin et de Styx.

Mon imaginaire véhiculait l'énergie. Une ambiance de feu régnait pour notre première soirée de retrouvailles.

Seule, je me suis allongée dans l'eau qui bouillonnait, tout en faisant partir doucement les mouvements rotatifs des jets tourbillonnants. J'ai fermé les yeux et mes pensées devenaient réelles.

Je le voyais dans tout son éclat physique d'avant, du haut de son 1,85 m et de ses 86 kilos de muscles... Je tremblais... Son bronzage et sa barbe douce et fraîche lui donnaient son air habituel de gentleman.

Ses cheveux bruns courts, soigneusement peignés, me rappelaient les fois où je m'amusais à les décoiffer. Ses grands yeux bruns mystérieux évoquaient en moi ces acteurs énigmatiques dignes des plus grands séducteurs de films hollywoodiens. Il s'allongeait, son dos contre ma poitrine. J'ai pris le pain de savon pour caresser son torse dénudé. Les bulles et l'eau perlaient sur sa peau douce. Je l'imaginais comme avant. Soudainement, l'image de son corps amaigri et affaibli m'est apparue. Malgré tout, je ne perdais pas mon désir devant son image d'homme handicapé. Le physique se confondait avec une énergie intense. Sa sensualité et son énergie m'emplirent d'une beauté inexplicable. Je me suis même surprise à apprécier le pain de savon qui se promenait sur mon corps au lieu du sien. Je caressais son corps, mais j'en recevais les sensations. C'était comme si... j'étais lui et qu'il était moi... Je me sentais enveloppée de son énergie, et l'excitation montait en moi avec une force incroyable. Ses pensées devenaient mes pensées. Je me sentais prise dans une bulle où tout se confondait. Je le sentais près de moi, en moi... Il était là! Le moindre de ses fantasmes s'entremêlait aux miens dans ce tourbillon de gestes sensuels. Je poursuivais mon exploration en vivant intensément mon moment présent sans comprendre ce que je vivais. En caressant mes seins bombés, brillant sous le reflet des chandelles, je m'imaginais qu'il s'était retourné face à moi et qu'il était à genoux pour admirer mes formes généreuses. Je l'entendais me chuchoter que pouvoir caresser mes seins lui avait manqué. De ses mains d'homme, il les a empoignés virilement en les remontant et en s'y frottant. Sa bouche cherchait la mienne, je salivais de pouvoir y goûter. Le cœur palpitant, je caressais son torse, sa nuque. Je ne pouvais croire que nous nous retrouvions enfin. Il tenait mon visage entre ses mains, comme jadis. Et, avec fougue, il m'a embrassée en laissant valser sa langue, de ma bouche jusqu'à mon cou et mes épaules.

Je sentais l'ampleur de son excitation contre ma vulve qui se balançait comme une vague.

Les yeux fermés, ces images me paraissaient réelles, des frissons parcouraient mon corps de façon divine. J'en ai profité pour empoigner ses fesses afin de lui démontrer que j'aspirais à le sentir en moi. Notre excitation s'accentuait de plus en plus férocement. Sa bouche se promenait d'un sein à l'autre. Il me chuchotait combien ils les aimaient, combien ma peau lui avait manqué. Comme un gamin découvrant les plaisirs de la chair, il caressait tantôt férocement, tantôt délicatement le pourtour de mes seins ondulant sous chacune de ses caresses. Il s'amusait à mordiller, à titiller mes mamelons durcis de plaisir tout en palpant mes délicieuses formes. Mes sens avaient quintuplé tellement nous vivions ce rêve intensément. Il m'a confié que, lui aussi, chacune de ses cellules vibrait de bonheur, de joie et d'excitation. Il s'aventurait de plus en plus bas et, de mon côté, je remontais de plus en plus haut sur le rebord de la baignoire pour qu'il puisse se délecter du plaisir de mon excitation. Sa bouche et sa langue devenaient de plus en plus curieuses et insatiables lorsqu'il apprécia la chaleur de mon entrejambe et dégusta l'ampleur de mon jardin intime. Il me délecta comme un lion dévorant sa proie. Je me laissais bercer dans cet espace impalpable en balançant mes mains entre mes jambes. J'en venais même à ressentir parfaitement la chaleur du souffle de sa bouche respirant fortement dans l'excitation du moment. Je voulais garder le plaisir plus longtemps. J'ai pris sa tête entre mes mains pour qu'il me regarde dans les yeux. Je suis descendue doucement me glisser contre son corps. Il m'a prise toute entière entre ses bras.

Je pleurais de joie. J'avais tant rêvé qu'il puisse m'envelopper comme avant.

Je voulais me fondre en lui.

Faire un avec son corps.

J'étais lui, il était moi.

Il était mon dieu. J'étais sa déesse!

J'ai penché la tête vers l'arrière pendant qu'il promenait sa verge ardente de désir contre mon bas-ventre.

Il cherchait l'extase, l'entrée de mon être, le chemin de la béatitude.

Je griffais son dos.

Mes mains parcouraient mon corps et le sien. Je caressais ses fesses, mes seins.

J'étais perdue dans une dimension inexplicable, mes sens devenaient siens.

Mon excitation devenait la sienne.

J'en arrivais même à ressentir les palpitations de son gland à travers mon clitoris en érection, prenant les mêmes proportions que son membre gonflé d'excitation. Mes sensations féminines vibraient au même diapason qu'un homme. Du moins, je le croyais !

Délicatement, comme par miracle... Il s'est faufilé en moi.

Mon corps, promis à son amour, se perdait une fois de plus.

Il me pénétrait doucement en appréciant chacune des sensations offertes durant cette union amoureuse. Chaque portion de ma chair appréciait le glissement de son membre.

Je sentais les reliefs de son gland gonflé au creux de mon univers.

Je ne faisais pas l'amour – *j'étais l'amour*.

Les soubresauts, les déhanchements manifestés me démontraient qu'il vivait et ressentait la même chose que moi. Les jets d'eau du bain éveillaient en moi des sensations nouvelles. Mon corps en éveil découvrait l'extase de tous ses sens. Chaque effleurement devenait magique, chacun de ses baisers brûlants me paraissait réel. L'odeur de la mousse et de son corps d'homme m'étourdissait à chaque mouvement. J'appréciais les sons de notre amour, l'odeur de nos corps, le goût de notre peau. Tout semblait magique et merveilleux. Je le regardais sous cette lumière tamisée. Je voyais des gouttes de sueur perler sur son front et ses tempes veinées par l'effort. Malgré l'épreuve, son visage restait toujours aussi beau. Ses épaules larges présageaient de sa virilité. Ses mains d'homme me montraient l'emprise qu'il pouvait avoir sur tous mes sens. Je poursuivais ma quête en cherchant sa bouche. Mes doigts s'enfonçaient plus profondément dans sa peau. Lorsque j'ai atteint l'orgasme, je l'ai laissé me prendre comme jamais il ne l'avait fait auparavant. Je le suppliais de m'emplir, de m'éclabousser. Je criais de m'amener toujours plus loin. Je voulais qu'il me transporte au *septième ciel*. Le corps arqué, les seins durcis, les cuisses ouvertes au maximum, je sentais des vagues orgasmiques prendre possession de mon bas-ventre, me conduisant directement à une extase physique incomparable. Je gémissais par saccades, troublant mes propres pensées intérieures. Puis, doucement, j'ai senti une énergie inhabituelle me parcourir du bas du dos jusqu'à ma tête, ce qui provoqua en moi une absence de pensées et un bien-être paradisiaque que seules les méditations profondes avaient la capacité de me procurer. Je m'abandonnais quasi inconsciente à ce délicieux moment divin. Incapable de bouger, le temps me paraissait en suspens. Puis, doucement, les yeux encore fermés, je me suis retirée du jet d'eau utilisé comme organe masculin. Allongée dans la baignoire, satisfaite et confuse face à mon fantasme, j'avais cette étrange impression d'avoir vécu quelque chose d'unique.

ᘏᘏ

Cette union invisible me semblait si réelle!

Les pensées de mon amoureux avaient-elles rejoint les miennes? Son énergie avait-elle fusionné avec mon être tout entier?

Lorsque je suis remontée près de son lit, il m'a souri joyeusement, comme jadis après avoir goûté une performance sexuelle des plus satisfaisantes.

Son visage serein m'a éblouie.

Ses yeux souriants étaient radieux. D'un ton taquin, il m'a dit:

— Puis, est-ce que c'était bon?...

Assurément, je lui ai répondu :

— Délicieux !

Avec conviction, j'ai ajouté :

— Tu étais là avec moi…, je le sais.

Et, pour une rare fois, il m'a répondu avec contentement :

— Oui ! j'étais là…

J'étais surprise qu'il ne me contredise pas face à mes réponses et à mes croyances énergétiques possibles.

Ce soir-là, avant de dormir, j'ai vérifié sous les draps si mon patient était propre et bien installé. À ma grande surprise, j'ai vu pour la première fois un liquide blanchâtre séché au bout de son pénis, échoué sur sa cuisse. Nous avons cherché des réponses techniques et logiques à ce phénomène inexplicable mais, après réflexion, nous nous sommes endormis, sachant que notre expérience vibrait bien au-delà des mots et du rationnel… Nos deux corps épuisés et satisfaits demeuraient immobiles dans le lit. J'ai vu nos âmes fusionner en virevoltant fougueusement de plaisir et de joie dans l'immensité de cette énergie d'amour.

Doux effleurements

L'âme et le corps s'exaltent
par tant de sensualité...

La vie poursuivait son cours, des journées plus difficiles nous attendaient, mais je préférais saisir et garder en mémoire nos moments bénis. Parfois, je ressentais chez lui une joie intérieure, un bien-être inhabituel. Je sentais que nous allions vivre un autre moment magique qui s'inscrirait dans les pages de notre vie. Contrairement aux expériences vécues avec ma cousine Karo où je ne me doutais pas que nos scénarios intimes marqueraient les chapitres de sa biographie, mon homme et moi prenions plaisir à embellir notre quotidien, conscients qu'il rehaussait les pages de notre livre. Cependant, la prémisse de notre histoire n'avait pas pris tout son sens à cette époque. Nous vivions innocemment sans en comprendre le but profond. Simplement en s'amusant à être les auteurs et les personnages du livre de notre vie. Nous voulions offrir des images agréables aux lecteurs, sans toutefois savoir que la magie de l'énergie tantrique faisait son œuvre…

Nous avions créé un espace sacré où nous nous retrouvions dans les instants de plénitude que la vie nous réservait. J'apprenais à capter les énergies de grâce. Sans les mots, nous nous préparions à voyager dans un univers plus vaste, plus beau et plus féerique, vers une autre dimension où mon homme retrouvait ses jambes et toutes ses capacités physiques. Complices, nos regards s'illuminaient et parlaient d'eux-mêmes. Doucement, au son de la musique zen, je fermais les lumières, j'allumais les chandelles et une odeur d'encens flottait dans la maison. Je revêtais une tenue sensuelle afin d'éveiller tous nos sens. Ce décor créé dans cette troisième dimension semblait anodin, mais à sa façon, comme par magie, il nous ouvrait les portes de cette autre dimension où tous les possibles existaient.

Nous voyagions ailleurs dans un moment de grâce magique. Nos gestes étaient orchestrés comme si un metteur en scène préparait la trame de notre soirée. Notre mental, s'abstenant de toute analyse, captait tout dans ce silence total. Un miracle se produisait à chacune de ces expériences. Au cours de ces moments divins, mon homme s'abandonnait, lui généralement si rationnel et si critique. L'ambiance chaude et sensuelle lui permettait d'accéder à cet état de conscience digne d'un scénario de films érotiques et sensuels des temps modernes. En langage tantrique, nous aurions pu nommer ces soirées *Maithuna*. Des soirées où l'énergie nous permettait d'atteindre d'autres niveaux de

conscience et de transporter notre âme aux portes du nirvana… lieu de plénitude et de sérénité absolue.

Mes mains se mirent à effleurer son corps langoureusement. Je les laissais se balader à leur guise. Je vibrais sous
cette énergie inhabituelle. Toutes nos cellules s'enflam-
maient. Il fermait les yeux et s'abandonnait. Le contempler
dans cet état de lâcher-prise m'amenait à un bonheur
extrême.

Je caressais ses cheveux si doux, je humais son odeur.
J'appréciais chaque instant; ces moments uniques devenaient un privilège, lui qui m'en limitait l'accès. Mon âme
s'exaltait à ce contact. Cet éveil sensuel me comblait davantage qu'un rapport sexuel dit normal.

J'effleurais son front, ses joues et son nez, consciente du
sens et de la profondeur de cette expérience; des visions du
passé jaillissaient du fond de mon être, comme sur un écran
de cinéma. Mes propres complexes, mon manque d'amour
inconditionnel envers moi-même, les relations futiles entre-
tenues avec certains hommes antérieurement. Des prises de
conscience énormes projetées en rafale sur l'écran de mon
esprit défilaient dans une énergie de conscience plus vaste
afin d'illuminer ces émotions dans la joie, l'amour et la
paix.

Je revivais en quelque sorte ma vie en tentant d'en comprendre tout son sens. Des révélations troublantes m'apparaissaient. Dans ce précieux présent, naturellement, nos
deux corps se rejoignaient, inondés de joie et d'amour

inconditionnel l'un pour l'autre. Cette énergie se déversait d'un corps à l'autre. Ce simple contact guérissait en nous des blessures anciennes. Je poursuivais ces moments délicieux en me rapprochant davantage de lui. Avec mon nez, je traçais le même parcours sur son visage meurtri par l'épreuve. Il était si beau. Sous l'effet de cette énergie enflammée, son teint devenait pourpre et lui conférait un air de félicité. Je captais chacune de ses respirations. Nez à nez, j'aspirais chacune de ses expirations en retenant les miennes pour devenir son souffle. Je pleurais de joie au battement de son cœur. Ses palpitations étaient au diapason d'un adolescent vivant sa première expérience sexuelle. Mon cœur aussi battait la chamade. Pendant un instant, surprise par cet abandon extrême, j'ai eu peur de son rejet. Je craignais son sarcasme habituel.

Heureusement, il appréciait la grâce du présent. Je poussais ma chance à la limite de sa tolérance. Étendue maintenant à ses côtés, je me lovais près de son corps. Je poursuivais ma quête sensorielle en caressant sa peau avec mes lèvres. Je captais chacun de ses frissons, chaque cellule de son visage, tel l'aveugle amplifiant ses autres sens pour compenser sa vue. Je planais littéralement dans un autre monde. Vide de pensées, je m'imprégnais de son charisme, de son énergie, de sa présence. Seul le souffle de sa vie m'importait. Je devenais *un* dans sa totalité. Je contemplais chaque recoin de son corps, tel un temple qu'on admire, heureuse de le sentir contre moi, tout simplement.

Je ne pouvais contenir ce bonheur si intense. Je vibrais dans son énergie. Les yeux perdus dans un brouillard de larmes, la terre cessait de tourner, le temps s'arrêtait. Nous valsions dans un espace intemporel inexplicable. Plus nous avancions dans cet univers, plus il nous transportait. La réalité s'effaçait sous nos pieds. Mes mains devenaient de plus en plus baladeuses. J'explorais son intimité. J'étais dans un état méditatif d'une extrême profondeur. En fait, j'étais la *méditation*. Je devenais *un* avec le *tout*. Nous formions un seul être dans l'espace, en accord avec la musique, l'odeur de son corps et son pénis. Ma vulve palpitait dans son nectar divin s'entremêlant à sa cuisse chaude et bouillante. Les yeux fermés, nous nous sommes enfin retrouvés dans ce monde angélique.

Nous nous regardions. Je voyais qu'il marchait vers moi dans toute sa beauté. L'image devenait forte. J'ai abandonné ses lèvres fermées, tel un mur insurmontable. Son corps physique était incapable de s'ouvrir à ce torrent d'amour, carapace évidente dans la réalité. J'avais appris à l'apprivoiser. J'ai déposé ma tête contre la sienne. Il m'a permis de me perdre dans ce monde où il m'attendait, les bras ouverts. J'ai couru vers lui à grands pas. Il m'a prise en tournoyant et en m'embrassant partout sur le visage. Comme pour compenser sa retenue physique dans cette dimension terrestre. Il appréciait cette intimité dans ce monde imaginaire créé à l'image de nos âmes. Cet espace sacré au-delà du physique s'étendait dans un lieu d'amour multidimensionnel infini. Dans une nudité complète, il me caressait sensuellement partout et longuement pour sentir toute l'énergie en résonance. Physiquement, je le sentais entre mes mains. Je caressais son membre devenu énorme. Je tournoyais mes doigts contre son gland. J'admirais chaque veine en éclosion. Je me tortillais contre sa cuisse, comme une anguille. Haletante, j'émettais des gémissements que je prenais plaisir à lui souffler à l'oreille. Je ressentais tout son amour pour moi. Je compatissais à sa souffrance, à son malaise de ne pouvoir s'abandonner. L'amour transmutait tout et nous comblait d'une énergie nouvelle et vivifiante, rarement vécue auparavant. L'intensité du moment se concrétisait en état de gratitude constante face à un moment d'extase physique et spirituelle d'une rareté divine. En me prenant dans ses bras avec force et virilité, il me coucha sur un nuage douillet.

Dans cette dimension, je me suis faufilée contre son corps, ma tête appuyée sur son cœur. J'ai fermé les yeux paisiblement. De l'autre côté du voile, il me faisait l'amour avec tendresse et passion. En toute plénitude, nous nous sommes endormis sereins et heureux de ce merveilleux moment. Au milieu de la nuit, il s'est éveillé. D'un ton sarcastique, il m'a dit: «Tiens, tiens, mon pot de colle fait semblant de dormir pour étirer la soirée!» Inattentive à sa remarque désobligeante, je voguais bien au-delà de ses critiques. Tout simplement, je me suis retirée de sous son bras et je lui ai souri avec la tendresse d'une amoureuse repue.

Moment
purificateur

---

*Des gestes révélateurs
de notre divinité...*

Tous les matins, je lui donnais une douche. Ce matin-là, je désirais vivre des rapprochements. J'ai osé revêtir un chandail blanc moulant sans soutien-gorge et une petite culotte brésilienne en dentelle. En m'apercevant dans l'embrasure de la porte, il répliqua à ma tenue suggestive :

– Pourquoi ce changement ce matin? As-tu un rendez-vous galant?

Malgré ses moqueries sur mes défauts physiques, je le trouvais tout de même attendrissant. Il aimait les souligner avec bonheur. Son sourire insolent me faisait frémir chaque fois. Je me détachais de ses affronts et je lisais son amour inconditionnel au-delà des railleries, sachant être le miroir de son peu d'estime de soi.

Plus j'apprenais à le connaître, plus je réalisais la superficialité de sa confiance de jadis. Rien en commun avec cette confiance intérieure qui se révèle par la capacité de découvrir son pouvoir: écouter ses intuitions, aller au bout de son potentiel. Cette confiance illusoire des biens matériels et de la beauté extérieure se dilapidait d'un seul coup.

Je suis entrée dans la douche avec lui, comme d'habitude. Nos âmes en éveil comme si nous percevions qu'une sorte de cérémonie se déroulerait. Intuitivement, mon cœur ressentait son besoin de vivre ce moment unique. Nos répliques étaient malicieuses comme jamais. Je lui disais souvent que nous devrions filmer *live* ces scènes burlesques. Il a refusé.

Son énergie positive vibrait au même diapason. Alors, je me suis permis de nous faire vivre un moment intense qui marquerait nos vies à jamais. Doucement, j'ai commencé à le savonner sensuellement. Je me sentais comme une gamine rebelle. Je l'arrosais et je m'amusais à me caresser en me servant du mouvement rotatif des jets d'eau comme des caresses dont il ne pouvait me prodiguer. Puis, j'ai mouillé mon chandail avec le pommeau de douche afin qu'il voie mes seins pulpeux ruisseler sous la lumière du jour. Je me caressais doucement en effleurant ma poitrine sur son visage devenu rouge écarlate. La passion se lisait dans son regard. J'ai pris ses mains sans vie et je lui ai fait caresser ma poitrine. Son regard s'adoucissait lentement et l'abandon s'installait.

Je me suis agenouillée en frôlant mon corps contre le sien. Je suis remontée, la bouche entrouverte, je laissais ma langue et mes lèvres caresser son visage. J'ai eu l'impression de capter sa langue cherchant mon nectar divin. Était-ce le fruit de mon imagination? Non, il s'abandonnait à ce moment magique, ses sens à l'affût. Je promenais mes seins savonneux sur son torse nu. Il me regardait droit dans les yeux, cherchant la faille, le pourquoi de ce rapprochement intime, incapable d'imaginer mon envie de lui. Je caressais son visage, ses cheveux mouillés. Mon Adonis! Je voulais le faire vibrer, entrer en lui, le pénétrer. Il me parlait de son envie de mourir, de se laisser aller. Mes larmes se mêlaient à l'eau. Je voulais vivre ce moment et ne jamais l'oublier, créer un souvenir intarissable. Je voulais m'imprégner de lui et, surtout, remercier la vie de ces cadeaux de l'univers. Jamais, au grand jamais, je n'avais vécu autant d'intimité avec un homme.

Quand nous sommes pris dans notre quotidien, la vie passe souvent trop rapidement. Je voulais crier ma joie, mon bonheur d'être en vie, d'être avec lui. Celui qui avait ouvert mon cœur à un amour plus grand, à un amour inconditionnel, à un amour qui permet de grandir au-delà de ce que l'humain peut vivre habituellement. Je ne cessais de lui crier mon amour, mon enchantement de partager avec lui mes prises de conscience. Il restait muet. Toujours cette peur du rejet qui rôdait. Je parvenais à l'oublier et à profiter de ces minutes féériques. Maintenant, il me ressentait; le bonheur se lisait dans ses yeux, l'amour éclatait dans toute sa splendeur et, pour la première fois de sa vie, il a répondu à ma question secrète :

— Tu le sais que je t'aime à la folie, comme une puce à l'agonie, me dit-il, d'un sourire angélique.

— Merci, Jean, de me l'avoir dit, lui soufflais-je à l'oreille, tremblante d'émotion. Je sais exactement ce que ton cœur ressent pour moi, car je ressens exactement la même chose pour toi... nous sommes *un*, Jean... je suis le prolongement de toi-même... tes bras, tes jambes, ton corps, tout... Merci pour tout ce que tu m'apportes et ce que tu me permets de devenir... Promets-moi au moins, qu'à ton départ, tu viendras me rejoindre pour qu'à jamais nous fassions *un*.

Ce moment fut une expérience de purification incroyable entre lui et moi. J'acceptais son choix de partir, de se laisser mourir... J'acceptais de vivre ces derniers moments en toute conscience. Cette douche dura au moins une heure et demie. Le temps en suspens, nous voyagions dans une autre dimension. À notre façon, nous atteignions le septième ciel.

La douche terminée, le rituel du séchage fut un autre moment de tendresse unique. J'effleurais sa peau comme pour la faire briller. J'honorais chaque partie de son corps.

Installée devant le miroir pour lui sécher les cheveux, je le regardais s'étudier, s'analyser. Je l'ai pris par les épaules et j'ai posé mes mains sur son torse affaibli et sans tonus. Je lui ai chuchoté que je le trouvais beau et qu'il m'excitait autant qu'avant.

– Jean, je réalise vraiment aujourd'hui que tout est une question d'énergie entre deux personnes. C'est ça, le véritable amour. Rien à voir avec les sentiments humains habituels. On valse au-delà de ça!

Il resta sans mots, examinant son corps immobile. Puis, d'un coup, il a insisté pour m'ouvrir son cœur.

– Lynda, il faut en être rendu comme je le suis pour réaliser bien des choses. J'ai raté ma vie à cause de mes blocages, le chakra du cœur fermé à bloc, comme tu t'amuses si souvent à me le dire! Mais je donnerais tout pour revenir en arrière. Je sais qu'on aurait pu vivre la plus belle des relations si j'avais été capable d'exprimer mes émotions au lieu de les fuir. Elles m'ont mené à cette carapace indissoluble. Aujourd'hui, seule la mort me libérera de mes blocages.

Je l'écoutais amoureusement et j'ai rajouté:

– Peut-être que tu es rendu au bout du tunnel. Mais si tu avais vraiment voulu et si tel avait été ton destin, tu aurais réussi à transcender ces blocages par différentes approches alternatives. Moi, j'ai appris, alors tout le monde peut y arriver. Il s'agit d'y croire!

J'ai fermé les yeux et j'ai respiré sa chevelure humide. Je sentais la fin. Mes larmes coulaient dans son cou. Silencieusement, je me remémorais la première soirée de notre rencontre, et l'image de mes doigts effleurant son corps musclé m'apparut.

Que de chemin nous avions parcouru, que d'embûches nous avions franchies. Comme la sagesse nous convenait bien. De façon impromptue, il m'a dit bêtement :

— Bon, ce doit être l'heure de dîner, avec toutes tes niaiseries.

Vraiment, il possédait un don marqué pour me ramener de cette troisième dimension vers la réalité.

Ultime fusion

Unir nos âmes vers
le chemin de l'Absolu...

J'ai appris sa mort le lundi 18 septembre 2006. Absente depuis quelques semaines afin de terminer le livre de ma cousine Karo, je lui avais demandé d'attendre encore quelques jours pour que je revienne à son chevet. J'avais besoin de solitude pour terminer ce livre. Pendant cette période, des préposées s'occuperaient de lui. «Pas de problème, prends ton temps», m'avait-il lancé, indifférent. Il avait préparé son départ. Il avait choisi sa chanson pour la cérémonie. Une vidéo témoignait de son amour pour ses enfants. Quel courage! Quelle force! J'ai remercié le ciel d'avoir écouté la voix de mon cœur et de l'avoir accompagné dans cette expérience si enrichissante... J'ai su que, en quelques jours, une surinfection des poumons avait mis un terme final à son épreuve.

Il avait retrouvé la *lumière*… la paix de l'*être*…

Trois jours de noirceur passèrent pendant lesquels la tristesse m'a envahie. Cet après-midi-là, le soleil brillait de tous ses rayons, mais seule l'envie de tout laisser tomber subsistait. Je cherchais un sens à mon expérience, à ma vie. Pourquoi m'avait-il éloignée lors des derniers mois? Pourquoi avait-il repoussé ceux qu'il aimait? J'aurais tellement aimé être avec lui lors de son départ. Devions-nous nous séparer physiquement pour mieux nous retrouver par la suite?

Tant de questions sans réponses. Je demeurais confiante; ces réponses me parviendraient au fil du temps. Karo m'avait appris que la mort n'est pas une fin en soi. Jean me retrouverait, car ne m'avait-il pas promis de fusionner avec moi? Il tiendrait sa promesse! Pour grandir et devenir plus forte, individualisée, j'avais besoin de croire que mon homme intérieur me rejoindrait. Je culpabilisais parfois en pensant que Jean contribuait à mon évolution. Et, doucement, j'ai réalisé que mon absence ou ma présence à son dernier souffle devenait secondaire, car nous étions un. Trois jours au lit. Seules les larmes échouées sur mes lèvres me nourrissaient. Puis, doucement, j'ai vu un rayon lumineux apparaître au creux de ma main en provenance de mon prisme.

Cet arc-en-ciel de couleur me pénétra d'énergie, de joie et de souvenirs magiques. Je me suis alors rappelé nos paroles lorsque je lui avais remis ce cadeau:

— Jean, ce prisme représente beaucoup pour moi. J'en ai acheté un identique pour le mettre dans ma chambre. J'aime croire à ce lien intime et unique qui nous relie. Lorsque tu percevras des rayons d'arc-en-ciel dans ta chambre, sache que ce sont nos deux âmes qui se rejoignent grâce à cette énergie lumineuse.

— Si tu y crois, ça doit être vrai, m'avait-il répondu d'un ton moqueur.

Au creux de mon cœur, j'entendais maintenant sa voix me parler :

— C'est moi, Lynda… je suis là…

— Non, Jean, ce n'est plus pareil, tu n'es plus là! Je ne peux pas te toucher ni te caresser.

— Mais je suis là… mon énergie est là! C'est toi qui me l'as dit. Tu n'y crois plus maintenant? Tu fais ton Thomas? T'as besoin de voir pour croire maintenant?

Perdue dans une conversation céleste… j'ai ressenti sa présence en moi. Sa force m'habitait. J'en ai profité pour lui demander des réponses à mes questions. Il m'a rassurée. Était-ce ma voix intérieure? La Bible dit pourtant que les morts ne communiquent pas avec nous. Toutes mes croyances s'entremêlaient. Mais cette voix rassurante apportait du réconfort à mon cœur. Sans analyser, je me suis laissée bercer dans ses bras. Il courait, il marchait… je le savais heureux.

Cette nuit-là, vers deux heures du matin, le bruit d'une remorque m'a réveillée. Sentant une présence, j'ai ouvert les yeux et, dans le silence, une lumière brillante traversa ma chambre et pénétra au niveau de mon plexus solaire, pour rejoindre le chakra du cœur. Une immense vague d'amour et de bien-être m'a envahie. La voix de Jean résonnait tout au fond de moi. *Et voilà... notre fusion d'âme à âme se produit*, me souffla-t-il.

Notre mission s'accomplissait!

Je pleurais de joie, de bonheur, de tristesse pour toute cette libération. La grâce de la vie, de la mort… Comme un cadeau, j'accueillais ce moment divin avec gratitude. Cette nuit-là, nous avons célébré l'amour, le vrai – l'amour inconditionnel dans toute sa plénitude, dans toute sa magnificence. Mon homme m'a caressée jusqu'au lever du jour. Enfin, il découvrait la vie à travers mes yeux, à travers mon âme. Il comprenait enfin tout mon amour pour lui…

La prison qu'étaient son esprit et ses souffrances venait de libérer ce corps tourmenté. Il transportait mon âme avec lui et me faisait ressentir l'unité. Il était moi. Il était ce moteur qui vibrait. Il était l'air que je respirais. Le vent qui soufflait sur ma peau… Je recevais le plus grand héritage qui soit… l'expérimentation du tout et la fusion de mon yin et mon yang. Quel beau cadeau! Merci, mon amour. Je t'aime de toute éternité.

Illumination onirique

L'union de nos deux pôles
vers l'unité...

Plusieurs mois avaient passé depuis le décès de Jean...
Doucement, je me réappropriais une nouvelle vie. Je méditais régulièrement. Mes méditations devenaient de plus en plus révélatrices. Au réveil, j'adorais me recentrer sur le moment présent. Comme d'habitude lors de ces moments de connexion intérieure, je restais allongée. J'expérimentais différentes sortes de méditation. Parfois, je visualisais les images d'un film à venir, ou encore j'avais de fortes intuitions, ou parfois c'était le silence total, le néant dans sa plus grande plénitude. À chaque expérience, je me laissais couler tout simplement dans cet instant de béatitude en contemplant les grâces offertes par la vie.

Ce matin-là, étendue à moitié nue, recouverte seulement d'un léger pyjama, j'ai pris quelques grandes respirations. Le vide mental m'a envahie rapidement. À ma grande surprise, des images ont déferlé comme par magie. Je captais ces images sensuelles et érotiques, incapable par contre d'en comprendre le sens. De toute façon, lors de ces épisodes, mon esprit s'arrêtait. Même si je m'efforçais de penser ou d'analyser, c'était impossible. Les visions se déroulaient le plus souvent dans un lâcher-prise et un abandon complets du moment présent. J'acceptais et accueillais les cadeaux de la vie. J'apprenais, avec le temps, à ne pas m'imposer de limites, ni mettre de barrières à tous ces possibles.

Soudain, comme dans un tourbillon, je me suis vue transportée sur une scène, au milieu de belles déesses et de beaux Adonis. Des scénarios spécifiques défilaient par assemblage. Ces images arboraient une extrême sensualité. Un spectacle sensuel s'animait en moi. Des scènes de douche, de massages, de caresses me faisaient frémir. Mes mains lourdes et engourdies par une énergie enveloppante me clouaient au lit. Cette énergie m'envahissait. Mon corps vibrait à nouveau de tous ses sens. J'en ai profité pour m'engloutir dans cette énergie vivifiante et stimulante. À cette époque, je ressentais un appel spirituel entremêlé d'une énergie sexuelle débordante sans en comprendre la raison ni ma mission.

Je tentais de combiner mon attrait sexuel en lien avec mon âme. Je voulais le diriger vers un nouvel art, tel que vécu antérieurement avec mon amant, Jean. J'errais dans cette confusion entre deux pôles qui, aux yeux de tous, s'opposaient mais qui, pour moi, émanaient de la même source.

Cet autre pôle me permettait un accès direct vers une connexion au-delà du physique. J'apprenais de plus en plus à le canaliser. Pendant que j'étais prise entre ces deux mondes parallèles, des phrases clés refaisaient surface: «Tout est possible. Tu as accès à l'autre côté du voile. Nous sommes un monde multidimensionnel.» Des paroles de grands sages gravées au fond de mon cœur m'apparaissaient comme une vérité immuable. Je n'avais pas encore accédé à cette symbiose, à cette fusion des deux pôles m'ouvrant la porte de l'extase tantrique. Les yeux fermés, les bras engourdis, j'ai ressenti un sentiment d'accumulation d'énergie créant un remous invisible au-dessus de mon corps. Je n'osais pas ouvrir les yeux. Je ne voulais pas enrayer le processus naissant. Je voulais tout expérimenter. En étais-je le catalyseur? J'ai senti la présence d'un homme à mes côtés. Était-ce lui? Voulait-il créer un rapprochement? Ou était-ce simplement moi l'interpellant par mes ondes télépathiques, comme j'avais su le créer à plusieurs reprises dans son monde matériel? Plusieurs fois, j'ai fantasmé au point de transporter de façon tangible son corps à mes côtés. Pourquoi n'en aurais-je plus l'accès maintenant? Cette analyse se canalisait par l'intermédiaire de l'écriture. Cette expérience d'accueil devenait la seule chose palpable.

Dans les faits, un peu plus d'une heure s'était écoulée depuis le début de ma méditation. Mon horloge, perdue dans cet espace-temps, cliquait au rythme de cette troisième dimension. Mais au-delà de cela…

Tel un éclair transperçant le ciel, un courant énergétique d'une densité plus soutenue traversa mon jardin secret perdu dans un univers intemporel. Comme prise dans cet émoi vibrant, j'ai atteint un orgasme physique d'une rare intensité, telles des mains sur mon corps me stimulant. Des vagues orgasmiques s'emparaient de mes sens dans un espace-temps impalpable. Des jets de mon nectar divin jaillissaient spontanément dans ce lit matérialisé dans cette dimension, seule preuve concrète de mon expérience mystique. Silencieuse et dépassée par les événements, je suis restée clouée sur le lit, quasi comateuse, pendant près de deux heures, incapable de réagir ou de soutenir une pensée rationnelle. Le monde tourbillonnait dans cette incompréhensibilité. Seules des images de la mère de Jésus défilaient en rafales, me permettant de croire à la fécondation de Marie par le Saint-Esprit. La puissance et la force de mon expérience surnaturelle me laissaient bouche bée… Une énergie dense valsait toujours autour de moi. L'impression d'une scène se projetant au-delà de mon imaginaire. Je m'offrais en spectacle, tel un rituel initiatique mystique préparé en mon honneur.

Ce vide, ce néant, cette fusion du monde matériel et du monde invisible me révélaient leurs grâces dans toute leur magnificence. Plus les heures avançaient, plus je retrouvais mes facultés physiques. Mon esprit, devenu lent, m'a permis de rationaliser l'expérience en la comparant à des écrits mystiques lus sur le tantrisme lors de mes dernières années de cheminement, et dont la compréhension m'avait paru limitée.

Incomparable! Unique!

Je fusionnais avec Jean, avec Karo, avec des grands maîtres de jadis, avec le tout...

Et je comprenais enfin ce que signifiait JE SUIS!...

Les portes de la 5e dimension s'ouvraient et tout un monde d'amour inconditionnel m'accueillait.

Ma vision du tantrisme

L'art de l'érotisme et de la sensualité nous transportant aux portes du nirvana...

Cette expérience mystique marquante que je m'amuse à nommer «Mon illumination orgasmique multidimensionnelle» fut, de toute évidence, le déclencheur de ma nouvelle *quête tantrique.* J'ai lu tout ce qui traite du tantrisme. J'ai fureté sur Internet à la recherche de ma vérité. J'ai cherché des maîtres tantriques vivant ici au Québec pour m'aider dans mon cheminement. J'avais besoin de mettre des mots sur mes ressentis profonds. J'ai réalisé rapidement que nous étions néophytes. Les grands de ce nom restaient muets à mes appels. À la limite, je ressentais une crainte de leur part de faire partie des pages de ma vie. Quoi qu'il en soit, ce néant tantrique me permettait de me connecter davantage à la source. Elle me guidait parfaitement dans ce nouveau monde auquel j'accédais librement.

Ma soif tantrique devenait de plus en plus grande. Célibataire, je me connectais davantage à mon être. Grâce à l'amour inconditionnel ressenti envers mon amant, j'ai reçu comme un cadeau cet amour envers moi-même. Pour une des rares fois dans ma vie, je m'aimais comme j'étais. L'attirance physique était au-delà des imperfections. Je prenais du temps pour moi. Je me créais des moments d'intimité avec mon homme intérieur et celui-ci me désirait au plus haut point. Mes expériences uniques avec Jean m'ont permis de me fondre dans cet homme intérieur qui m'habitait. Cet échange d'énergie dans l'unité complétait son travail d'alchimie. Je m'en imprégnais et l'extrapolais au maximum.

J'appréciais cette béatitude. Je me prélassais des heures dans un silence total, simplement à caresser ma peau, à explorer mes sens, à découvrir mon corps. Ce contact privilégié devenait ma méditation quotidienne. Je me connectais à mes ressentis et à mes émotions, ce qui m'aidait davantage à développer mes intuitions. Mes visions étaient plus révélatrices. J'écrivais assidûment toutes mes explorations devant ma certitude de publier un troisième livre.

Un livre sur ma vie. La suite logique à mes expériences.

Ma fusion du yin et du yang, telle que décrite dans les différents bouquins tantriques, devenait tangible. Je reflétais cet homme tant aimé dont j'admirais plus particulièrement certaines qualités. Forte de caractère, indépendante, plus audacieuse professionnellement, je fusionnais vers un équilibre de mes deux pôles. L'ombre et la lumière s'unissaient au rythme divin. Je m'individualisais totalement. Cette dualité relationnelle devenait un.

Lors de mes contacts solitaires, j'apprenais davantage à m'abandonner et à lâcher prise afin de m'offrir au désir brûlant des plaisirs physiques me transportant dans cette dimension impalpable. Je devenais une femme multi-orgasmique et éjaculatrice, et ce, selon les grâces de l'univers, sans aucune stimulation physique. Tout mon être était à fleur de peau. Hypersensible au toucher. Mes zones érogènes spécifiques n'existaient plus. Mon corps tout entier était une zone érogène. Libre dans mon corps, libre dans mon cœur, libre dans ma tête, je me sentais épanouie. Une confiance nouvelle m'animait. Ce bonheur sensuel se reflétait dans mon quotidien. Je me sentais séduisante et mon charisme attirait les hommes comme des aimants. Mon corps ainsi vivifié me donnait un éclat de jeunesse et de bien-être indescriptible. Je rayonnais de mille feux.

J'expérimentais une sexualité tantrique sous toutes ses formes – massages, effleurements, caresses, jeux, purification, etc. Mes Adonis s'initiaient au tantrisme bien malgré eux, je ressentais de l'amour inconditionnel pour tous et chacun. Ma quête de plénitude, d'unité, devenait mon ultime objectif. J'émoustillais nos sens à leur paroxysme. Je vibrais dans ces autres dimensions en fusionnant avec le ressenti de mes partenaires. Leurs sens devenaient mes sens.

Chacune de mes explorations révélait des prises de conscience extraordinaires. Cette énergie divine transcendait et
guérissait des blessures intérieures. Des déblocages énergétiques et physiques laissaient enfin circuler librement ces
fluides générateurs dans tout mon corps. J'ai vécu des éveils
d'énergie kundalinique puissants partagés par de grands ini-
tiés tantriques. Cette énergie me transformait, m'éveillait.

Le sexe pour le sexe n'existait plus…

Telle une enfant, je découvrais une sexualité plus
grande, plus vaste, sans cesse renouvelée. Émerveillée, je
découvrais le divin dans chaque personne. Je me sentais
privilégiée!

Étant donné que je suis curieuse et insatiable, mon énergie sexuelle augmentait au rythme de mes rencontres.
Comme une grande soif, comme une quête infinie pour me
transporter davantage plus près de l'absolu. La recherche de
sensations extrêmes me poussait à vivre des expériences
dont parfois je n'étais pas très fière.

Mais mes intuitions me rassuraient.

Avais-je à réaliser tous mes fantasmes pour atteindre des
niveaux de conscience plus élevés?

Ma crainte de ne pouvoir aimer de nouveau m'amenait-
elle vers une profondeur abyssale pour me conscientiser
davantage?

Ma voix intérieure m'a dicté une fois de plus le chemin. J'avais des visions plus lointaines du but de ces nouvelles expériences des plus marginales.

Je découvrais tous les plaisirs du naturisme. Mon corps devenait un temple d'amour et la déesse en moi s'extériorisait. Je rencontrais des gens plus libertins. Leur univers semblait libre et fascinant. Ces fréquentations m'offraient une expertise nouvelle. Plus j'avançais et plus les limites de mon esprit s'estompaient. Mon cœur s'ouvrait davantage à l'amour inconditionnel, sans jugement, sans critique face à la vie des gens. L'amour libre, sans attaches ni possessivité, m'inspirait grandement. Mes croyances devenaient plus lumineuses, moins limitatives. J'amalgamais mon cheminement spirituel avec cette sexualité sacrée. Après deux années à étudier l'enseignement spirituel, j'ai obtenu un diplôme de maître Reiki. Cette sagesse ancienne m'a permis de canaliser cette énergie universelle plus efficacement. Je m'immergeais dans cette énergie d'amour en toute liberté... J'aimais la vie... J'aimais les gens... Je poursuivais ma route. Je vivais une ouverture nouvelle au monde... Mon univers devenait infini...

Le tantrisme est devenu pour moi un art... L'art de la sensualité et de l'érotisme qui nous transporte aux portes de l'illumination. Une sorte de yoga de l'amour qui combine des respirations et des positions favorisant la circulation de cette énergie universelle, libérant ainsi les centres d'énergie souvent appelés *chakras*. Ceux-ci nous permettant d'éveiller tous nos sens, et ce, au-delà du physique, comme entre autres la clairaudience, la clairvoyance, la clairsentience. En moi résonnait avant tout, haut et fort, une connexion à soi et à l'autre pour vivre des moments d'unité et de fusion énergétique. Ma mission s'éclaircissait enfin... Mes vies sexuelle et spirituelle s'unissaient dans l'unité du tout. Mon chemin s'illuminait tout en respectant mon cri du cœur et mes passions. Ma quête du nirvana se poursuivait...

Mes visions se matérialisaient une à une.

Cours, ateliers, conférences, puis la présentation du spectacle tantrique *Au-delà du fantasme,* qui fut un succès dès sa première production. Je voulais partager mon bonheur, aider les gens à ouvrir leur cœur. Ouvrir leur conscience à cet état de bien-être demeurait ma priorité de vie!

Puis un jour, j'ai abandonné ma routine et mon travail pour une seconde fois. Je me suis jetée du haut de la falaise et, avec mes ailes, j'ai pris mon envol avec confiance et certitude.

∾৩৩

Lorsque j'ai fini d'écrire les dernières lignes de ce manuscrit... je me suis étendue sur le lit.

J'ai fermé les yeux et j'ai remercié Karo d'avoir guidé mes pas. J'ai mis la main sur mon cœur et j'ai béni Jean pour cette magnifique expérience d'amour inconditionnel... en lui chuchotant *Forever, mon amour...* J'ai fait une dernière petite prière pour lui rappeler des paroles dites par l'acteur Jim Carrey dans le film *Bruce Tout-puissant:* «Maintenant je te vois avec les yeux du cœur, je veux que tu sois heureuse. Je veux que tu rencontres quelqu'un qui saura t'aimer comme j'aurais dû t'aimer...»

Ma fusion avec mon âme jumelle opposée s'achevait. J'ai remercié Jean encore et encore...

Il me restait à poursuivre ma route avec confiance afin de trouver cet autre homme complémentaire... Ce nouvel homme individualisé. Cet homme capable de garder la pureté de son cœur d'enfant. Cet homme mature émotionnellement, capable d'aimer sans contrainte, partageant ses ressentis et ses réflexions. Cet homme conscient que nous sommes ici sur terre pour accéder à l'amour divin pour notre propre évolution. Seul véritable but de notre incarnation, le reste n'étant que vent et futilité. Mon combat intérieur terminé, je garde espoir de vivre une relation harmonieuse, paisible, dans l'unité et non dans la dualité.

Un couple intimiste vibrant dans l'essence du moment présent, laissant exploser sa créativité pour s'amener à atteindre l'ultime illumination...

Après tout, je le mérite grandement!

Je reste donc ouverte aux synchronicités et à tous ces signes que l'univers m'offre pour poursuivre cette mission tantrique...

Ainsi soit-il!

À propos
de l'auteure

En l'an 2000, à la suite du décès de sa cousine, LYNDA BISSON vit une expérience mystique inoubliable et part à la recherche de la vérité. Durant cinq ans, elle parcourt les chemins mystiques les plus secrets et reçoit des enseignements universels d'une grande sagesse.

Ayant œuvré dans le domaine de la médecine traditionnelle pendant plus de vingt ans, elle explore plus intensément le pouvoir des médecines alternatives et, en 2006, elle devient Maître Reiki.

Bien malgré elle, elle se retrouve face à un vide intérieur profond. Un bon mari, deux beaux enfants, une maison coquette en banlieue ne suffisent plus à son bonheur. Elle quitte cette vie quasi parfaite, en quête de liberté et de passion avec une soif insatiable de connaissances.

Plus tard, elle rencontre un homme, qui devient quadriplégique; le couple explore alors une sensualité nouvelle. Intuitivement, Lynda s'initie à l'énergie tantrique et intègre les bienfaits de cette philosophie dans sa vie intime, personnelle et même professionnelle. Sa rencontre lors d'un Darshan avec Mère Meera (conscience divine venue de l'Inde) transformera sa vie.

Depuis 2006, elle a créé plusieurs cours/ateliers et séminaires pour transmettre sa soif d'un plus grand bonheur. En janvier 2010, après une année de ressourcement, elle poursuit sa route tantrique de façon plus vaste. Elle crée et anime des soirées d'*exploration tantrique,* où chaque couple vivra une renaissance au niveau de son intimité, et elle révèle les plus grands secrets du tantrisme, cette science de l'extase qui vous transporte aux portes de l'illumination. À l'été 2010, elle offre son tout nouveau spectacle tantrique *Audelà du fantasme - Partie I.*

Lynda Bisson aide les personnes à exploiter au maximum leur potentiel créateur. Elle sait que le lâcher-prise, la connexion au moment présent et la confiance absolue en l'univers est la clé du véritable succès.

Pour en savoir plus,
visitez le site *www.lyndabisson.com*
ou communiquez avec
Salon tantrique Elby (LB)
514 462-8628

Table
des matières

Je désire remercier particulièrement Odette Grenon pour avoir apporté les premières corrections à cet ouvrage.

Suggestions de lectures
offertes chez BÉLIVEAU Éditeur

UNE MÈRE
EN TALONS AIGUILLES

*L'érotisme
à la rescousse du couple...*

Tina Karr

RECONSTRUIRE SON COUPLE
APRÈS L'INFIDÉLITÉ,
C'EST POSSIBLE!

*Comment rebâtir
votre relation amoureuse
et la protéger de l'infidélité*

Steven D. Solomon, Ph.D.
Lorie J. Teagno, Ph.D.

L'ART D'ENTRETENIR
SON COUPLE

*Enfin un programme
d'entraînement pour
le côté émotionnel du couple!*

Dr Barton Goldsmith